KB235172

고성장 기업의 7가지 비밀

그들은 어떻게 두 자리 수 매출 성장을 유지하는가

고성장 기업의 7가지 비밀

힘든 시기의 평범한
경영진에게 성공은 불가능에
가까운 외로운 길이 아니다!

데이비드 G. 톰슨 지음 박선령 옮김

생존에 급급한 기업과 고성장 기업의 차이

가장 힘든 시장 상황과 극심한 경기 변동 속에서도 회사를 꾸준히 성장시키는 대가들과 평범한 경영진을 구분하는 특징은 무엇일까?

불경기 속에서도 성장을 거듭한 미국 기업들이 이용했고, 여러분의 사업을 성장시키는 데에도 적용할 수 있는 효과적인 교훈은 무엇일까?

단순히 생존에 급급한 기업과 놀라운 고성장을 이룬 기업 사이에 차이를 만들어내고, 여러분의 회사에도 적용 가능한 가치관과 원칙, 행동은 무엇인가?

내 첫 번째 베스트셀러가 출판된 이후, 나는 전 세계를 돌아다니면서 2만 5천 명이 넘는 리더와 경영진들을 대상으로 강연하고 워크숍을 진행했다. 그리고 가까운 미래에 성장을 이루기 위해 필요한 것들을 다시 정의하고 있는 경영진들에게 이런 날카로운 질문을 계속 던지면서 그들과 토론을 나눴다.

여러분도 이런 종류의 질문을 던져본 적이 있다면 이 책은 바로 여러분을 위한 것이다.

내 목표는 다른 이들이 따라하고 싶어 하는 진정 효율적인 성장 기업이 되기 위해 필요한 경영 실무와 활동을 파악하고 개발하여 세련되게 다듬도록 도와주는 것이다.

이런 질문에 대한 답이 바로 이 책 《고성장 기업의 7가지 비밀》이다. 여기에 소개된 7가지는 어떤 경제 상황 속에서도 회사의 성장 가능성을 높이기 위해 적용할 수 있는 검증된 경영 실무이자 효과적인 성장 청사진이다. 무엇보다 중요한 점은 이런 원칙을 통해 경제 불황도 거뜬히 이겨낼 수 있으며, 경제 회복기와 그 이후의 성장주기 동안 경제 성장을 이끄는 리더가 될 수 있다는 점이다. 가장 힘겨운 시장 상황이나 경기 변동 속에서도 남다른 뛰어난 실적을 올린 성장 기업들은 다른 기업과는 달리 뛰어난 회복력을 보인다는 점이 특징이다.

모든 기업이 시장에 집중하면서 고객을 중심으로 수익을 올리려고 노력하는 경영진들을 보유한 요즘 같은 상황, 즉 누구나 성장을 이루려는 지금의 상황에서 "대체 이 책이 새롭게 전달할 수 있는 정보는 무엇인가?"라는 질문이 나올지도 모른다. 좋은 질문이다.

생존을 위해 악전고투하는 기업과 비범한 성장을 달성한 기업의 차이점은 '자기가 하는 일'과 '그것을 하는 방법'의 독자적인 조합이다. 이 책의 원제에 들어 있는 '통달(mastering)'이라는 단어에는 이 '무엇을'과 '어떻게'의 독특한 조합이 반영되어 있다. 기업이 7가지 원칙을 통달하면 정량화가 가능한 남다른 성장을 이룬다. 이런 차이는 이윤, 투자 수익률, 가용 현금 흐름으로 평가되는 매출 증가나 순익 증가를 통해 지속되는 최고의 성과로 나타난다.

나는 7가지 원칙을 적용한 성장 기업의 최고 경영진들에게서 얻은 독자적이고 효과적인 교훈을 독자들도 적용할 수 있도록 돕기 위해 이 책을 썼다. 이들은 막강한 영향력을 지닌 이 교훈들을 이용해 제품을 판매하고, 경쟁사 고객들을 인터뷰해 새로운 니즈를 파악하고, 협력업체를 이용해 새로운 시장에 진입하며, 가장 생산적인 성장 기업이 되기 위해 기업 전체를 결집시키는 등의 효과적인 성과를 얻었다.

혼란은 변화를 불러오며 비범한 기업들은 이렇게 변화무쌍한 경제 상황 속에서 이익을 얻는다. 경제 침체기에 성장을 이루고 그 다음 호황기에 성장 리더십을 손에 넣은 이 기업들은 시장에서 입지를 재확립하고 경쟁사들의 의표를 찌른다.

이제 여러분의 회사를 경쟁사와 차별화해야 할 때다. 여러분의 회사가 가까운 장래에 성장을 이룰 수 있다면 다음 성장주기를 이끌어갈 리더 기업의 하나로 떠올라 계속 그 자리에 머물게 될 것이다! 여러분이 종사하는 분야가 개인회사나 주식회사, 대기업에 속한 사업부, 정부 기관, 교육 기관, 혹은 비영리 기관이라 해도 미국에서 가장 큰 성장을 이룬 기업들의 성공 패턴을 통해 통찰력을 얻고, 이 책에 등장하는 7가지 원칙을 적용해 성장을 이끌 수 있다.

7가지 원칙에 통달해야 하는 이유

미국의 뛰어난 성장 기업들이 지닌 성장 가치와 원칙을 적용하는 것은 여러분의 회사가 단순한 생존을 넘어 발전하기 위해 반드시 필요한 일이다. 물론 힘든 시기에도 남다른 성장을 이루는 것이 가능하다. 미국에서 가장 큰 성장을 이룬 기업들의 최근 성장률이 이를 증명한다.

마이크로소프트, 구글, 파네라 브레드(Panera Bread), 스테이플스(Staples), 주니퍼 네트웍스(Juniper Networks), 나이키, 엔도 제약(Endo Pharmaceuticals) 등은 비범한 아이디어를 수십억 달러의 매출 사업으로 바꾸는 데 성공해 미국에서 예외적인 성장을 기록한 기업들 가운데 일부다. 이들 중에는 심지어 불황기에 창업한 기업도 있고, 2001~2002년이나 2007~2008년처럼 경기가 좋지 않은 기간 동안에도 성장세를 입증한 기업도 있다. 이런 엘리트 기업들은 전체적인 경기 흐름 속에서 미국의 혁신, 성장, 고용 창출, 투자를 지탱하는 근간이다. 이들은 다음 성장주기를 이끌어갈 리더이자 오늘날 7가지 원칙에 통달한 대가이기도 한 400개 이상의 성장 기업들을 대표한다. 우리는 이런 기업들로부터 교훈을 얻고 여기에서 일하며 이런 기업들에 투자해야 한다.

이 책은 실행 가능한 청사진을 보여준다. 이 책에서 제시하는 방법들은 미국에 있든 아니면 전 세계 어디에 있는 회사든 상관없이 성장에 초점을 맞춘 모든 기업에 적용된다. 내 연구는 대부분 미국에서 비범한 성장을 이룬 회사들에서 공통적으로 얻을 수 있는 효과적인 교훈이 무엇인지 파악하는 것이지만, 미국 이외의 다른 나라에 존재하는 고성장 기업에서도 이와 비슷한 교훈을 얻을 수 있다. 원산지 국가나 언어, 업계, 규모의 차이에도 불구하고 이런 성장 기업들은 보편적으로 7가지 원칙을 증명한다.

아시아 기업들과의 교류를 통해서도 7가지 원칙이 확실하게 입증되었다. 2008년 9월, 중국 상하이 인근에 자리 잡은 고성장 기업의 경영진들과 함께 7대 원칙에 대해 토론한 적이 있다. 토론 도중에 스티븐 코비의 《성공하는 사람들의 7가지 습관 *7 Habits of Highly Effective People*》이라는 책을 높이 평가한다는 말을 한 적이 있다. 원활한 통역을 위해 7가지 원칙은 '사업 성장을 위한 일련의 교훈 및 지침'과 같은 의미로 사용할 수 있다는 유사성을 제시했다. 그러자 그 자리에 모인 수백 명의 중국인들 얼굴에 똑같은 미소가 번지는 것을 보고 나는 7가지 원칙이 성장 원리를 알려주는 공통된 언어라는 사실을 깨달았다. 국가나 문화권에 관계없이 유능한 인재들은 모두 특정한 공통점을 지니고 있는 것처럼, 기업 성장을 촉진하는 중요한 경영 실무와 관련된 고성장 기업의 7대 원칙은 업계나 국가, 문화권을 초월한다.

아시아 전역을 돌아다니는 동안 아시아의 성장 기업들도 미국에서 가장 큰 성장을 이룬 기업들과 똑같은 7가지 원칙을 실제 적용했음을 증명하는 세계적인 수준의 사례 연구를 진행해야겠다는 의욕이 샘솟았다. 그러던 중 2009년 초에 인도에서 가장 규모가 큰 아웃소싱 기업이자 〈비즈니스 위크*Business Week*〉가 선정한 세계에서 가장 영향력 있는 20대 기업으로 꼽힌 HCL 테크놀로지의 CEO인 비니트 나야르를 만나 인터뷰를 할 수 있는 기회가 생겼다. 나야르 및 HCL 경영진들과의 인터뷰는 2008년 10월 캘리포니아 주 팔로알토의 SAP 랩에서 기조 발표를 마친 내게 다가온 HCL 고위 임원인 아누바하브 삭세나의 제안으로 이루어졌다. 삭세나는 잔뜩 흥분한 말투로 이렇게 말했다. "선생님의 베스트셀러 저서인 《10억 달러 매출을 위한 청사진》이 출판되었던 2005년 7월에 선생님 작품에 대해 전혀 몰랐던 비니트 나야르가 독자적으로 '블루 프린트'라는 성장 이니셔티브를 시작했습니다. 우리는 서로 다른 언어를 사용하지만 7대 원칙의 기초 원리나 선생님의 블루 프린트는 본질적으로 우리 회사의 블루 프린트와 동일합니다."

HCL은 호경기와 불경기를 통틀어 7대 원칙을 실생활에서 실행하고 구현한 회사다. 아시아에 본사를 둔 이 글로벌 리더는 미국에서 가장 큰 성장을 이룬 기업들과 동일한 기초 원리를 적용하는 것이 사실상 글로벌 시장 및 경제 주기의 심한 변동뿐만 아니라 업계, 국가, 문화권까지 초월할 수 있는 현실 세계의 교훈이라는 증거다.

이 책이 전하는 교훈은 미국과 전 세계의 대기업 및 독립 회사에서 회사 전체 및 특정 직무 분야를 담당하는 크고 작은 경영 팀에 소속되어 기업 경영에 종사하는 이들부터 투자자, 이사회, 규제기관, 입법기관, 교육기관, 학생 등 혁신과 비즈니스 성장을 위한 성공적인 환경을 만들어 유지하는 일에 관심이 많은 모든 이들에게 중요하다.

나는 실용적이고 낙관적이며 의욕을 고취시킬 수 있는 메시지를 전달하고자 한다. 여러분이 고성장 기업을 키우는 일에서 큰 성공을 거둘수록 새로운 일자리가 많이 생겨나고, 이런 주식회사들이 전체적인 주식 시장의 성장을 촉진하게 되며, 그에 따라 경제도 더 성장한다. 여러분이 하는 일에서부터 성장이 시작되는 것이다.

이 책은 여러분과 여러분 조직의 성장을 촉진해 앞으로 닥쳐올 힘든 시기에도 비범한 성장의 대가가 되게 해줄 것이다. 그리고 이는 단순히 가능한 수준의 일이 아니라 갈수록 필수적인 일로 자리 잡게 될 것이다.

– 데이비드 G. 톰슨

차 례

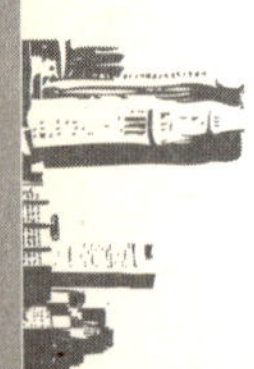

PART 5

성장의 소명

PART **1**

난관 속에서 성장 달성하기

미국에서 가장 큰 성장을 이룬 기업들은 경제 주기에 상관없이
성장을 계속하면서 공통된 성공 패턴을 공유한다는 사실을 깨달았다.

성장의 의미를
재정의한 기업들

다음과 같은 놀라운 사실을 생각해 보자. 미국은 혁신과 성장의 글로벌 리더이지만, 1980년 이후에 설립된 주식회사 가운데 60퍼센트 이상이 더 이상 존재하지 않는다. 게다가 1억 달러 이상의 매출을 달성한 기업은 그 중에서 4퍼센트밖에 안 된다. 1년에 평균 34개 정도의 주식회사가 이 4퍼센트의 엘리트 집단에 합류하고 있는데, 이들은 호황이나 불황에 관계없이 1억 달러 매출을 달성한 기업들이다. 나머지 기업들은 더 큰 실패 확률과 비범한 성장을 달성함으로써 얻을 수 있는 상당히 긍정적인 이점 사이에서 몸부림치고 있다.

1억 달러 이상의 매출을 올린 기업들의 경우 매출이 10억 달러로 늘어나기를 갈망하는데, 이들이 성공할 확률도 위의 확률과 같다. 매출 1억 달러에서 10억 달러로 성장하는 기업은 겨우 4퍼센트

뿐인 것이다!

이렇듯 미국에서 가장 큰 성장을 이룩한 기업들의 비율과 성공률은 지난 10년 동안 이대로 유지되었으며 다가올 두 번째의 10년 주기 동안에도 똑같이 유지될 것으로 예상된다. 성장을 재정의한 기업들은 거센 조류가 모든 배를 높이 띄우는 호황기뿐만 아니라 가장 힘든 시기 동안에도 성장할 수 있는 기업이다.

21세기의 첫 10년이 마무리될 즈음, 비즈니스 영역은 공인되지 않은 영역으로 발을 넓혔다. 최근 동향을 보면 불황(공평하게 말하자면 '대공황')에서 벗어나 높은 실업률과 성장이 공존하는 지속적인 유사 경기 침체로 특징지어지는 독특한 성장 단계로 접어들고 있음을 알 수 있다. 1990년대 후반의 급격한 성장주기와 2004~2007년의 좋았던 시절은 다시 돌아오지 않을 듯하다. 이 책의 수치들은 성장한 기업들은 상승 경향이 더 커지지만 성장을 위해 계속 몸부림치는 기업들의 경우 실패할 확률이 높아진다는 '성장 아니면 실패'라는 극단적인 재정 시나리오를 보여준다. 경영진은 성장하지 못했을 때의 위험을 명확하게 인식하면서 새롭게 자각한 절박함을 안고 사업을 성장시킬 효율적인 방안은 무엇인지 알아내기 위해 열심히 탐구하고 있다.

경제 상황과 무관하게 미국에서 가장 높은 성장세를 보인 기업들이 어떤 경기 변동 속에서도 꾸준히 성장할 수 있게 해주는 성공 패턴은 무엇일까? 여러분이 가지고 있는 성장에 대한 통찰력 가운데 직접 적용할 수 있는 것은 무엇일까?

이 책은 이런 기업들의 성장 통찰력을 파악하는 것 이상의 일을 한다. 또 가장 힘든 시기에도 회사를 성장으로 이끄는 최고 경영진들이 전하는 효과적인 교훈도 알려준다. 여러분의 회사에도 이런 통찰력을 적용한다면 회사 규모나 경제 상황에 관계없이 높은 성장을 이룩할 수 있는 가능성이 높아질 것이다.

회사 경영에 종사하는 이들은 당연히 자신의 사업 경력에 기초한 남다른 렌즈를 통해 사업 성장을 바라보게 된다. 투자자들은 혁신적인 기회라는 자기만의 시각을 통해 성장 기회를 바라본다. 반면 금융 서비스 전문가들은 재무 성과나 회사의 가치 변화를 기준으로 성장을 주시한다.

이와 달리 나는 성장 기업이란 단순하고 본질적이며 가장 중요한 특성을 지닌 기업, 즉 매출 성장을 통해 측정되는 복합적인 고객 수요를 달성한 기업이라고 정의한다. 이런 특징을 지닌 회사들은 해마다 매출이 성장하는데, 이것은 영리 목적의 회사를 운영하는 경영진들이라면 누구나 가장 중요시하는 목표인 동시에 가장 달성하기 어려운 목표이기도 하다. 하지만 결국 성장 기업을 정의하는 것은 측정 기준이다. 그리고 경기 변동에 상관없이 이와 똑같은 측정 기준이 계속 유지된다.

매출이 늘어나면 경영진들은 투자자와 직원을 위해 수익을 창출하고 이익을 되돌려줄 수 있는 선택권이 생긴다. 그 반대의 행동—과도하게 투자를 하거나 이익을 올리기 위해 비용을 줄인 뒤 매출 성장을 기대하는 것—은 오래도록 지속할 수 없지만, 단기적인 성공을 위해서 이런 막다른 길로 치닫는 경영진들이 너무나도 많은 것이 현실이다.

오늘날의 경제적인 난관은 기업들에게 불리한 역풍처럼 보일지 모르지만, 규모에 관계없이 모든 기업들은 100만 달러, 1천만 달러, 5천만 달러, 2억 달러, 5억 달러, 그리고 심지어 10억 달러 이상까지 지속적이고 복합적인 매출 증가를 이룰 수 있다. 경기 하락이나 빠르게 변하는 시장 상황 때문에 일시적으로 성장 속도가 느려질 수는 있지만 장기적으로 볼 때 고성장 기업들의 매출은 여러 해에 걸쳐 해마다 평균적인 복합 매출 성장률을 유지한다.*

미국에서 이례적으로 성장한 기업들은 경기 침체기에도 꾸준히 성장하여 그 다음의 경제 성장기에 업계 리더로 자리 잡은 기록을 보유하고 있다. 이 목록에 속한 이름은 바뀔지 몰라도 이들이 가진 공통점은 가장 힘든 시기에도 성장을 달성한 기업들이라는 것이다. 1993년에 닥쳐온 불황기 동안 평균 5억 달러의 매출을 올린 시스코(Cisco), 케이던스 디자인(Cadence Design), 크래커 배럴 레스토랑(Cracker Barrel Restaurant)은 계속해서 매출이 늘어났다. 이 불경

----

* 이 분석은 중간 규모의 기업들이 2년간 해마다 20퍼센트의 복합적인 매출 성장을 올린 것을 바탕으로 한다. 그보다 규모가 작은 기업들의 경우에는 성장률이 더 높았고, 규모가 큰 기업은 낮았다.

기 이후 케이던스 디자인과 크래커 배럴은 1억 달러 이상의 매출을 올리는 기업이 되었고 시스코는 매출 360억 달러의 일류 기업으로 성장했다. 최고의 건강관리 소프트웨어와 진통제 공급업체인 서너(Cerner)와 엔도 제약은 그린 마운틴 커피(Green Mountain Coffee), 미들비(Middleby), 데커스 아웃도어(Deckers Outdoors), 인튜이티브 서지컬(Intuitive Surgical)과 함께 가장 최근에 닥쳐온 불황 속에서도 기업들이 성장할 수 있음을 보여주는 증거다. 경기가 후퇴하거나 기업 성장이 느려지는 기간 동안에도 꾸준히 성장하는 분야의 시장은 존재한다.

예외적인 매출 성장을 보인 비범한 기업들이 그 길을 선도하고 있다는 좋은 소식도 있다. 매출이 5천만 달러(중소기업)에서 100억 달러(보통 스탠더드 앤 푸어스(Standard & Poor's 500 지수에 속하는 회원사들) 사이인 주식회사들을 조사한 결과 연평균 20퍼센트 이상의 매출 성장률을 달성한 400여 개의 성장 기업들을 파악할 수 있었다.

특히 매출이 10억 달러 이하인 중소형 성장 기업들의 경우는 어떨까? 미국의 차세대 성장 기업들의 미래에 대한 고무적인 소식이 있다. 현재 매출 5천만 달러 이상으로 성장했고 앞으로 5년 동안 10억 달러 매출을 달성할 가능성이 있는 회복력이 뛰어난 170개 기업들이 다음 세대를 이끌어가고 있다는 것이다. 이들의 연간 매출 성장률은 평균 49퍼센트이며, 이들 가운데 99퍼센트가 기록적인 매출 신장을 달성했다.

여러분도 매출이 수십억 달러에 달하는 이 유망한 기업들 가운데 아는 기업이 있을지도 모른다. 금융 서비스와 뮤추얼 펀드 평가 분야의 최고 권위자인 모닝스타(Morningstar)와 유명 스포츠웨어 회사인 언더아머(Under Armour) 등도 여기에 포함된다. 가장 높은 매출 성장률과 누구보다 확실한 기초 성과를 올린 기업들은 주로 다음과 같은 업계에서 찾아볼 수 있다.

- 석유 및 가스 탐사, 생산, 서비스
- 건강관리 장비 및 서비스
- 인터넷 소프트웨어 및 서비스
- 바이오테크놀로지

언더아머처럼 특색 있는 소비재를 생산하는 기업들은 소비자들의 지출이 줄어드는 시기에도 계속적으로 성장한다. 하지만 힘든 시기 동안의 성장과 관련해서는 규모가 큰 기업에게도 좋은 소식이 기다리고 있다. 매출 10억 달러 클럽이 계속해서 전형을 깨뜨리고 있다는 것이다. 페이첵스(Paychex), 폴리컴(Polycom), NII 홀딩스(Nextel International)를 비롯한 이런 기업의 4분의 3가량이 연속해서 기록적인 매출을 달성하고 있다. 나머지 25퍼센트의 기업들은 전성기가 지난 소수의 기업들을 나타낸다. KB 홈(KB Home), 존스 어패럴 그룹(Jones Apparel Group), 에이비스 버짓 그룹(Avis Budget Group)

등은 개인 소비 감소와 기업의 출장 제한 등으로 인한 매출 감소를 겪고 있다.

이렇게 매출이 감소하는 일부 기업이 있지만 나는 앞으로 10년 동안은 더 안정된 성장을 지속할 이런 성장 기업들이 다음번에 미국에 찾아오게 될 고용 및 경제 성장 주기를 촉진할 '녹색 새싹'(오바마 대통령 덕분에 이제 널리 쓰이게 된 용어를 빌어 말하자면), 즉 경기 회복 조짐 이상의 존재라고 생각한다. 이들은 이미 '녹색 숲'으로 자리 잡았다. 이런 기업들은 우리가 관계를 맺어 협력하고, 제품을 구입하고, 입사해서 일을 하고, 투자를 하고 또 앞으로 닥쳐올 힘든 시기 속에서 비범한 성장을 이루기 위해 꾸준히 모방해야 할 기업들이다.

‖ 최고의 성장을 이룬 기업들의 비결 ‖

매출이 100만 달러밖에 안 되던 기업이 눈부신 성장 기업으로 발전하려면 무엇이 필요할까? 내가 정의하는 눈부신 성장 기업이란 매출이 수억 달러 혹은 수십억 달러 규모까지 성장할 수 있는 가능성을 지닌 기업들을 말한다. 1990년대 후반이나 2003~2007년 같은 시장 호황기에는 이런 질문에 쉽게 대답할 수 있었을 것이다. 당시에는 경제 성장의 흐름을 타고 거의 모든 기업이 성장했다. 그러나 1993~1994년, 2001~2003년, 2007~2009년 같은 불황 주기의 렌즈를 통해서 성장에 성공하는 패턴을 찾아야만 진정한 통찰력을 얻을 수 있다. 나는 일류 기업 경영진, 투자자, 기업 성장 컨설턴트에게 성장 관련 질문을 던지면서 이런 통찰력을 얻으려고 노력한 끝에, 이 질문에 대한 답은 조직이나 리더십 이론을 연구하거나(물론 이런 연구도 중요하기는 하지만) 대기업의 사업부서나 조직 단위를 조사한다고 해서 얻을 수 있는 것이 아님을 깨달았다. 시장이 침체된 기간 동안 미국에서 가장 빠르게 성장한 주식회사들을 사실에 입각해 정량적으로 분석해야만 원하는 답을 찾을 수 있다.

게다가 분석을 할 때는 간과되기 쉬운 매출 성과라는 부분을 중심으로 분석을 실시해야 한다. 모든 기업은 성장을 위한 투자, 심지어 과잉 투자도 가능하다. 하지만 그렇다고 해서 모든 기업이 시장 침체기에 매출 성장을 이룰 수 있는 것은 아니다.

1980년 이후로 최초 공모(IPO)를 실시한 이후에 매출액이 10억 달러까지 늘어난 미국 기업들을 찾기 위한 내 연구 프로젝트는 최근 닥쳤던 불경기(2001~2003년)에 시작되었다. 나는 경기 침체기에도 이 기업들이 지속적으로 성장했는지의 여부가 특히 궁금했다. 2004년 말에 조사 결과를 종합해보자 매출이 100만 달러에서 10억 달러 이상으로 늘어난 것은 이들 기업 가운데 단 5퍼센트뿐이었는데, 불균형하게도 이 5퍼센트의 기업이 전체 고용의 56퍼센트와 전체 IPO 기업이 창출한 시장 가치의 64퍼센트를 차지한다는 것을 알고 놀랐다!

나는 이런 엘리트 기업을 가리켜 '블루 프린트 컴퍼니'라고 부른다. 이들이야말로 계속적인 경기 변동 속에서도 놀라운 성장을 달성하는 성공 패턴, 즉 청사진을 제시할 수 있기 때문이다.

갈수록 이들 기업의 경영 특징과 독특한 재정적 특성이 지닌 비밀을 알아야만 모든 경기 변동에 적용 가능한 성장 청사진을 구성할 수 있다는 사실이 명확해졌다.

그 이후 알게 된 바에 따르면 불황 속에서의 성장과 다음 성장 주기를 이끌어가는 것은 바로 이들 기업이 시장 입지를 바꾸고 경쟁사를 압도하게 되는 시기였다. 이것은 생존에 급급한 기업과 다음 성장주기 동안 번성하는 기업이 구분되는 중요한 시점이다.

여러분은 이런 독창적인 블루 프린트 컴퍼니의 흔적을 도처에서 발견할 수 있다. 이들 기업이 만든 제품이 우리의 일상생활을 풍요롭게 만들며, 우리는 그 제품의 대부분까지는 아니더라도 상당수를 알고 있다. 어쩌면 바로 오늘도 여러분은 마이크로소프트에서 제작한 소프트웨어를 사용하고 인터넷에 접속해(시스코와 주니퍼 네트웍스의 네트워킹 장비를 통해 제공되는) 이베이(eBay)나 아마존(Amazon.com)에서 쇼핑을 했을지도 모른다. 또 베스트 바이(Best Buy)나 스테이플스에서 가정용 음향 시스템이나 사무용품을 구입하고 이번 주말에는 홈데포(Home Depot)에 들러 집을 수리하거나 정원을 돌보는 데 필요한 재료를 살 수도 있다. 어쩌면 최근에 타임워너(Time Warner)에서 제작한 영화를 보고 암젠(Amgen)이나 제넨텍

(Genentech), 메드이뮨(MedImmune) 등에서 약을 구입하거나 찰스 슈왑(Charles Schwab)의 금융 서비스를 이용했을 수도 있다. 그리고 처방약을 구입하거나 건강 보험과 관련해 익스프레스 스크립트(Express Scripts), 유나이티드헬스 그룹(UnitedHealth Group), HCA 사 등을 이용하지는 않는가?

2001년에 처음 적극적으로 연구에 착수했을 때만 하더라도 2007년 말부터 2009년 중반까지 역사가 다시 되풀이되면서 현대판 대공황에 가까운 또 다른 불황기를 겪게 되리라고는 미처 예상하지 못했다. 이번 불황의 심각도는 소비 가능한 자본의 제약, 글로벌 경쟁자 대두, 비용 상승 등으로 특징지어지는 다음 성장 주기의 '새로운 표준'을 의미한다. 이 말은 곧 소수의 기업들이 미국의 성장과 고용, 투자자들에게 지속적으로 미치는 불균형하면서도 긍정적인 영향에 끊임없이 놀라게 된다는 뜻이다. 2009년 말 현재 그렇듯이 이런 불균형한 비율은 앞으로도 계속 유지될 것이다. 2004년에 7,500개였던 주식회사의 수가 11,000개로 늘어났지만 이 가운데 단 410개 사, 즉 전체의 4퍼센트가 900만 명의 직원 채용과 2조 6천억 달러의 시장 가치, 3조 달러의 매출을 책임지고 있다. 정부 입장에서 볼 때는 이들 410개 기업이 1980년 이후 IPO를 실시한 모든 기업이 내는 세금의 72퍼센트를 차지한다. 그러니 성장 기업은 정부 입장에서도 매우 도움이 되는 기업인 셈이다! (그림 1 참조)

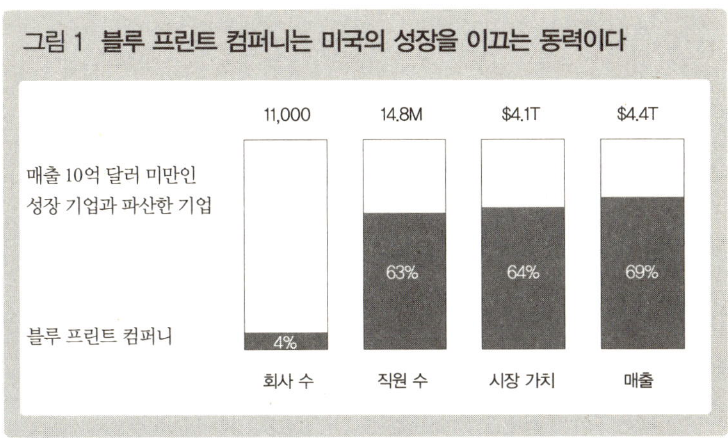

자료 출처 : 스탠더드 앤 푸어스 컴퓨스태트(Compustat), 블루 프린트 분석

2010년 1월 현재, 블루 프린트 컴퍼니는 1980년 이후에 상장되어 매출 10억 달러를 달성한 미국 기업 가운데 4퍼센트를 차지한다. 하지만 이들 기업이 전체 고용의 63퍼센트를 창출하고, 시장 가치의 64퍼센트, 전체 신규 주식회사 매출의 69퍼센트를 차지하는 불균형한 상황이 드러나고 있다.*

새로운 블루 프린트 컴퍼니들은 매일 매 순간, 우리의 삶에 지속적인 영향을 미치고 있다. 예컨대 여러분은 최근에 파네라 브레드나 치포틀 멕시칸 그릴, 치즈케이크 팩토리 등에 들러 맛있는 음

----

* 이 분석은 1980년 이후 주식을 상장했고 상장 당시의 매출액이 10억 달러 이하였던 모든 기업들의 2009년도 말 시장 가치 점유율과 고용 점유율을 기준으로 한 것이다.

식을 먹으며 즐거운 시간을 가졌거나, 선파워(SunPower)나 퍼스트솔라(FirstSolar)가 공급하는 그린 에너지를 사용하거나, 넷플릭스(Netflix)에서 영화를 주문하거나, 시트릭스 시스템(Citrix Systems)에서 내놓은 새로운 고투미팅(GoToMeeting) 서비스를 이용하거나, 만성적인 통증에 시달리는 이들의 경우 엔도 제약의 퍼코셋(Percocet)이나 리도덤(Lidoderm) 같은 진통제를 사용해 삶의 질을 높이고 희망을 얻었을 것이다.

이것은 미국에서 가장 큰 성장을 기록한 기업들의 성공 패턴이 사실상 예측 가능하다는 또 하나의 증거 사례다. 우리가 놀라운 성장을 이룩한 기업을 선별할 때 그 척도로 사용하는 매출 10억 달러를 달성한 기업의 성공률은 실제로 꾸준히 4~5퍼센트 선을 유지하고 있다.

2004년에 진행된 첫 번째 조사와 현재 2009년 말까지 갱신된 연구 결과를 볼 때 재정적으로나 조직적인 면에서 나머지 96퍼센트의 기업은 다른 기업들이 그 행동이나 업무 실행 방식을 따를 만큼 모범적인 기업이 되지 못했음을 알 수 있다. 하지만 그런 점을 고려한다 하더라도 4~5퍼센트의 성공률은 상당히 낮은 편이다. 만약 여러분의 회사가 비범한 성장 기업들의 성공 패턴을 이해한다면 그것을 토대로 성장 가능성을 높일 수 있다고 생각하는가?

나머지 96퍼센트, 즉 그리 뛰어난 성장세를 보이지 못한 주식회사들의 성공률은 어떨까? 2004년부터 2009년 사이에 새로이 기업 공개를 한 기업들의 수는 증가했지만 인수 합병 및 사업 실패율 역시 32퍼센트에서 62퍼센트로 늘어났다. 이렇듯 실패 가능성은 크게 높아진 반면 블루 프린트 컴퍼니의 수는 기본적으로 일정한 선을 유지하고 있다!

경제적 역풍이 대부분의 기업들에 영향을 미치고 있는 것은 당연한 일이지만, 그래도 미국의 블루 프린트 컴퍼니들을 통해 추론한, 뛰어난 성장을 이룩하는 비결에는 안정적이고 기본적이며 고무적인 무엇인가가 있다. 여러분은 이 책에서 그것에 대해 읽게 될 것이며 이런 통찰력을 여러분의 회사에 적용해 성공 가능성을 높이는 방법도 배우게 될 것이다.

매출 성장을
위한 청사진

　　　　　　　예외적인 성장을 이룩한 기업들은
간단하면서도 정의 가능한 특성을 지니고 있다. 이런 기업은 성장
속도가 빠를 뿐만 아니라 복합적인 매출 성장을 달성한다. 요즘처
럼 힘든 시기에는 너무 어려운 일처럼 여겨질 수도 있지만 규모에
상관없이 어떤 기업이든 100만 달러, 1천만 달러, 5천만 달러, 2억
달러, 5억 달러, 심지어 10억 달러에서 100억 달러 이상의 지속적
이고 복합적인 매출 성장을 이룰 수 있다. 불경기나 급속하게 변하
는 시장 상황 때문에 성장 속도가 일시적으로 느려질 수는 있어도
더 장기적인 관점에서 볼 때 이런 고성장 기업들의 매출은 여전히
평균적인 복리 성장 속도를 유지하고 있다.

　　복합적인 매출 성장을 달성한 기업들은 매출이 전혀 성장하지
않거나 일관성 없이 성장한 이력을 지닌 비성장 기업들과 비교할

때 독특한 매출 성장 패턴을 보여준다. 고속 제트기가 활주로를 달리면서 점점 속도를 올리듯이 이 기업들은 이례적인 성장—지수 성장—비행을 할 수 있는 순항 고도까지 신속하게 상승하기에 충분한 이륙 속도에 도달한다. 제트기의 속도 증가율, 즉 정지 상태에서 시속 640킬로미터가 넘는 비행 속도로 가속할 때의 속도 증가율은 실제로 기하급수적이다. 누누이 말하지만(사실 아무리 말해도 지나침이 없지만) '기하급수적'이라는 용어는 미국에서 가장 크게 성장한 기업들의 매출 궤도를 설명한다. 예외적인 성장은 곧 지수 성장이다.

구글, 선파워, 서너, 파네라 브레드, 콜드워터 크릭(Coldwater Creek) 등 미국에서 가장 놀라운 성장을 기록한 기업 몇 곳의 매출 곡선을 살펴보면 이들 회사의 지수 성장 패턴에는 3개의 눈에 띄는 단계가 나타난다(그림 2 참조).

이들의 기하급수적인 매출 성장 곡선에는 3개의 단계가 있다. (1) 가변적인 활주로 길이, (2) 매출이 급격한 상승 궤도를 그리는 변곡점, (3) 매출이 10억 달러로 늘어나기까지 저마다 다른 성장 속도다. 가변적인 활주로의 경우 그림 2의 왼쪽에 있는 기업들은 오른쪽에 있는 기업들보다 활주로 길이가 눈에 띄게 짧다. 구글은 겨우 24개월이 걸린 반면 서너는 8년이 걸렸다. 이 기업들은 모두 공통된 변곡점을 가지고 있다. 제트기가 이륙할 때 그렇듯이 이들은 어떤 기후 조건에서든 상관없이, 다시 말해 시장 주기가 상승

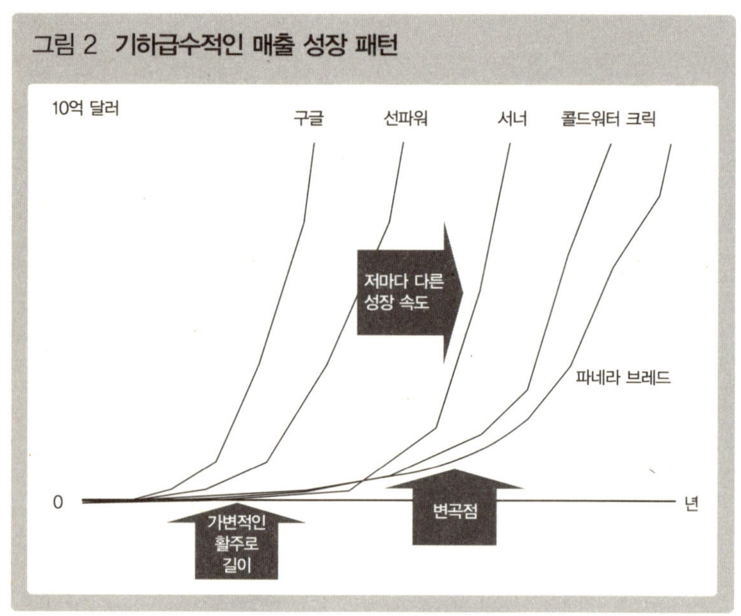

자료 출처 : 스탠더드 앤 푸어스 컴퓨스태트, 블루 프린트 분석

세든 하강세든 상관없이 지수 성장을 달성했다.

이 분야의 연구원들이 성장 비즈니스에 대해 연구할 때, 그들은 대부분 회사가 설립된 연도나 처음 주식 공모(IPO)를 한 해부터 분석을 시작한다. 그러나 블루 프린트 모델은 회사가 상당히 일관성 있는 기하급수적 매출 성장 궤도를 이루기 위해 돌연한 증가세를 보이는 지점인 변곡점을 기준으로 삼는다. 왜 그럴까? 회사 운영을 시작하는 기업가 단계는 지수 성장 단계와 다르다. 기업가 단계는 최초의 고객, 협력 파트너, 공급 사슬을 이용해 아이디어를 실행 가능한 비즈니스 모델로 변형시키는 과정이 특정하다. 회사 설립부터 변곡점에 이르기까지 평균적으로 걸리는 시간은 5년이다. 변곡점은 회사가 고객 파이프라인, 제품 또는 서비스, 성장을 떠받치는 데 필요한 기능을 할 수 있는 조직 등 완벽한 체계를 갖추게 되는 시기를 가리킨다. 지수 성장 단계에는 공통된 패턴이 있다. 이 기업들은 심한 경기 변동 속에서도 업계에 상관없이 매출 5천만 달러에서 10억 달러에 이르는 꾸준한 성장을 달성했다. 어려운 시기를 겪기도 하고 성장의 와중에 장애물이 나타나기도 했지만 이들은 복합적인 성장 궤도를 계속 유지하기 위해 신속한 자기 조절 능력을 발휘했다.

나는 성장 분석을 위해 이렇게 보다 정량적인 방법을 이용하면서 불황기부터 회복기를 거치는 동안의 성장에 특히 초점을 맞춰, 미국에서 가장 큰 성장을 이룩한 기업들에만 독특하게 나타나는 기본적인 경영 통찰력을 이끌어낼 준비를 갖췄다.

‖ 지수 성장은 뚜렷하게 두 부분으로 나뉜다 ‖

직관에 반하면서 중요한 의미가 있는 첫 번째 조사 결과는 기업들이 기하급수적인 매출 성장에 이르기까지 걸린 시간과 궤도였다(그림 3 참조). 표준화된 시간에서 0차년도라고 하는 변곡점에서의 매출 곡선에 초점을 맞춰 살펴보자, 매출 성장이 뚜렷하게 두 부분

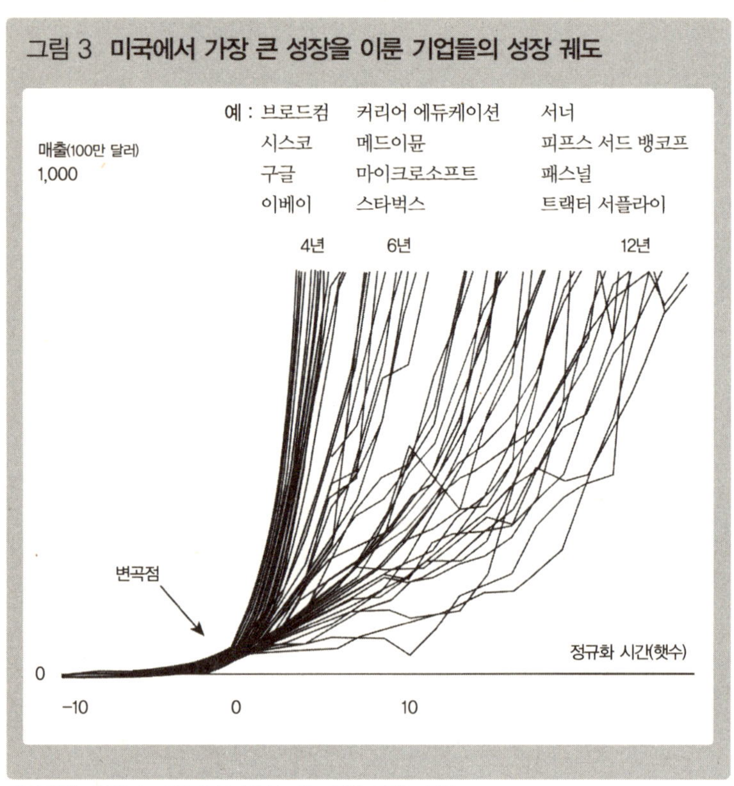

자료 출처 : 스탠더드 앤 푸어스 컴퓨스태트, 블루 프린트 분석

으로 나뉜다는 사실을 알 수 있었다.

첫 번째 부분은 변곡점까지 걸리는 시간인데, 이는 회사 설립 과 기업가 단계부터 변곡점까지를 이르는 것으로서 변동이 매우 심했다.

두 번째 부분은 변곡점부터 매출 10억 달러를 달성하기까지의 궤도로서 4년, 6년, 12년 궤도라는 3가지 기간 가운데 하나를 차지했다.

이 4년, 6년, 12년이라는 3가지 지수 성장 시간대는 매출이 10억 달러에서 100억 달러로 증가하는 데에도 그대로 이어졌다. 곡선의 속성은 기하급수적인 매출 성장 면에서도 상당히 일관성이 있지만 성장 곡선을 벤치마킹할 유일무이한 기회를 제공했다. 변곡점에 다다랐을 때 제대로 성장할 수 있는 기업을 만든다면 반드시 매출 10억 달러를 달성할 수 있다.

회사가 매출 10억 달러를 달성할 경우 이와 동일한 성장 궤도 시간대 내에 매출 100억 달러 규모로 성장할 기회가 생기게 된다.

어떤 사람은 이 자료를 보고 설립부터 매출 5천만 달러를 달성하는 변곡점에 이르기까지 걸리는 햇수가 매출 5천만 달러에서 10억 달러로 성장하는 데 걸리는 시간과 상관관계가 있다고 자연스럽게 추정할지도 모른다. 하지만 그렇지 않다. 일례로 구글은 설립후 변곡점에 다다르기까지 2년이 걸렸고, 여기에서 다시 4년 궤도의 앞부분을 타고 올라가 미국에서 가장 빠르게 성장한 기업 가운데 하나가 되었다. 이와 대조적으로 시스코는 4년 궤도를 오르기전 변곡점에 다다르기까지 7년이 걸렸다. 변곡점에 도달하기까지오랜 시간이 걸린 회사의 극단적인 예로는 19세기 중반에 설립된피프스 서드 뱅코프가 있다. 이 회사는 1980년대 후반에 변곡점을거치고 12년 궤도의 뒷부분을 올라 1994년에 10억 달러 매출을 달성했다.

최소 30퍼센트 이상의 매출 성장률을 보이며 변곡점을 통과한 기업은 10억 달러 매출에 이르기까지 이 3가지 궤도 가운데 하나를 타게 된다. 마천루를 짓기 위한 토대를 구축하고 처음 몇 층을 짓는 것처럼 일찌감치 10억 달러 기업을 만드는 것도 가능하다. 이 빌딩이 주변 경치들 위로 우뚝 서게 되리라는 사실은 누구나 알고 있다. 다만 그 빌딩이 앞으로 얼마나 높이 치솟을지를 모를 뿐이다. 매출 5천만 달러를 달성하는 변곡점 즈음에 고성장 회사를 만든다면 불황이나 호황에 관계없이 꾸준히 회사를 성장시켜나갈 수 있다. 탄탄한 토대 위에 세워진 마천루처럼 경기 변동의 사나운 난기류도 잘 구축된 기업을 흔들 수는 없다.

비록 속도는 조금 느려질지라도 불경기 속에서도 계속 성장하는 기업들은 반드시 매출 10억 달러를 달성할 수 있다. 사실 이 3개의 성장 궤도는 매출 100억 달러 기업의 경우에도 그대로 적용 가능하다. 예를 들어 마이크로소프트는 6년 궤도를 따라 성장해 매출

10억 달러를 달성했고, 다시 6년 궤도를 지나 100억 달러 매출을 올렸다. 12년 만에 매출이 5천만 달러에서 100억 달러로 성장한 것이다. 스테이플스나 홈데포 같은 다른 기업들도 같은 경로를 밟았다. 이베이와 NII 홀딩스(버지니아 주에 본사가 있는 NII 홀딩스는 멕시코와 남아메리카 지역 유수의 무선 서비스 공급업체다.) 등의 기업은 자기들만의 흔적을 남겼다. 이런 조사 결과는 오늘날의 순환 경기 환경에 반하는 것처럼 보이지만 이 궤도가 그 사실을 증명하고 있다.

‖ 모든 경제 분야에서 성장 달성 ‖

내가 그랬듯이 여러분도 기하급수적인 기업 성장은 대부분 정보 기술(IT)처럼 수많은 혁신이 일어나는 경제 분야에서 일어난다고 생각할지도 모른다. 구글, 이베이, 마이크로소프트, 오라클, 시스코, 주니퍼 네트웍스 등 우리 삶을 지탱해주는 친숙한 거대 기업들을 생각하면 사람들이 최근에 벌어진 가장 급속한 성장은 전부 하이테크 기업에서 진행되었다고 믿는 것도 당연한 일일지 모른다. 하지만 정말 그럴까?

이런 대중들의 생각과 달리 2010년까지 블루 프린트 컴퍼니들 가운데 IT 분야 기업은 겨우 18퍼센트를 차지할 뿐이다(그림 4 참조). 실제로는 소매 전문 상점, 인터넷 소매점 같은 경기 소비재 분야가 하이테크 분야보다 상위에 있다. 전기 공학을 전공한 나 역시

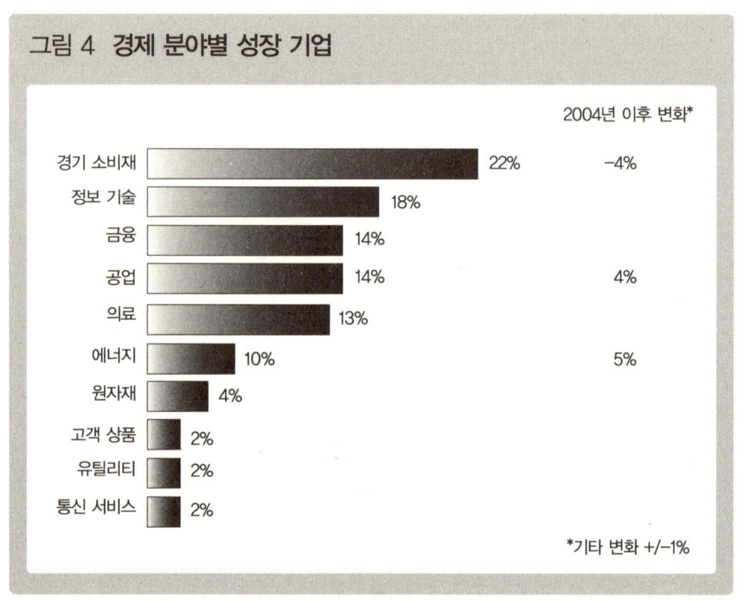

자료 출처 : 스탠더드 앤 푸어스 컴퓨스태트, 블루 프린트 분석

그렇게 생각했지만, 대부분의 사람들이 생각하는 것보다 서비스 경제 분야에서 많은 성장 기업이 나왔다.

이 패턴은 비율이 약간 달라지기는 했지만 2004년 이후 거의 그대로 유지되고 있다.

상당한 성장을 이룬 경제 분야 가운데 하나는 바로 에너지 분야다. 환경 파괴 없이 무한정 사용 가능한 안전한 에너지와 석유 기반 에너지의 안전한 공급에 대한 수요가 늘어나면서 새롭게 매출 10억 달러를 달성한 에너지 기업을 대표하는 회사들이 바로 화이팅 석유(Whiting Petroleum Corporation)나 세인트 메리 랜드 앤 익스

플로레이션(St. Mary Land & Exploration Company) 같은 석유 가스 탐사 회사다. 선파워와 퍼스트솔라라는 두 개의 새로운 '그린' 기업은 대체 에너지 분야의 새로운 트렌드를 반영한다.

에너지 기업의 이런 상승세는 소비자들의 지출 감소에 따라 새로운 경기 소비재 기업들이 줄어든 것을 상쇄한다. 하지만 이런 소비자 동향에도 불구하고 최고의 여성 의료 소매업체인 콜드워터 크릭, 애플비(Appelbee's)와 아이홉(IHOP) 소유주인 다인에쿼티(dineEquity), 미국에서 고급품, 대중 시장, 살롱 제품 및 서비스에 대한 원스톱 쇼핑을 제공하는 최대 규모의 미용 소매업체인 울타 살롱, 코스메틱 앤 프래그런스(Ulta Salon, Cosmetics & Fragrance) 등의 소비자 중심 기업들은 최근에 주식 공모를 실시했다.

2008년 하반기와 2009년 전반기에 월스트리트가 겪은 극심한 혼란을 생각할 때, 지금쯤 어떤 금융 기업이 매출 10억 달러를 달성했는지 의아해하는 독자들이 있을지도 모른다. 어쨌든 규모가 큰 금융 서비스 기업들은 너나 할 것 없이 모두 움쭉달싹못하는 지경에 처해 심각한 손실을 입어 흔들리거나, 사실상 미국에 수치를 안겨준 기업 목록에 오른 듯 보였으니 말이다. 하지만 성장 기업들은 사모 금융과 시장 거래 부분에서 혁신을 이루었다. 블랙록(Blackrock), 나스닥 OMX 그룹(Naxdaq OMX Group)(나스닥 거래소), 시카고 상품거래소는 가장 최근에 성장을 이룬 기업들이다. 지역 은행이나 투자 은행이 미국 금융 서비스 분야의 성장 목록을 온통 차지하고 있는 것을 생각할 때 이들은 상당히 이단적인 존재처럼 여겨진다. 이런 신생 기업들의 상승세는 사모 투자의 복잡성이 증가하고 수요가 늘어나면서 촉발된 것이다. 사모 금융과 시장 거래소들은 세계화와 더 많은 실시간 거래 서비스 증가를 반영하는 공공 단체가 되었다.

‖ 지수 성장 달성에 대한 통찰력 연구 ‖

다음과 같은 의문에 대한 답을 찾고자, 미국에서 가장 높은 성장을 달성한 기업들의 추진력이 되어준 '실용적인' 통찰력이 무엇인지 알아내기 위한 독창적이고 지속적인 연구가 진행 중이다.

● 고객 1인 기준으로 기하급수적인 매출 성장을 달성한 것이 왜 중요한가?

● 지수 성장을 이루기 위한 투자 프로필은 무엇인가? 성장을 위한 과잉 투자인가 또는 창업 초기의 원활한 현금 흐름과 회사 성장에 따른 투자인가?

● 힘든 시기에도 급속한 성장을 촉진할 수 있었던 가치관과 경영 기법은 무엇인가?

나는 가장 힘든 시기에 지수 성장을 달성하는 데 적용할 수 있도록 이 질문에 대한 답을 찾아내야만 했다.

2008년에 불황을 몰고 온 신용 시스템의 구조적인 실패와 비상 구제 기간 동안 계속 진행중이던 블루 프린트 연구의 일환으로, 실시간으로 정량적 비즈니스 조사를 실시하고 싶다는 생각이 들었다. 이와 관련이 있고 어쩌면 더 큰 그림일 수도 있는 비즈니스 의제는 미국에서 가장 큰 성장을 달성한 기업들이 불황도 견뎌낼 수 있는지 아닌지를 판단할 수 있을지 알아보는 것이었다. 만약 이것이 가능하다면 회복력이 뛰어난 성장 기업을 구축하도록 나아가는 길을 가르쳐줄 수 있는 좋은 소식이 될 것이다. 나는 재정적인 부분뿐만 아니라 행동적인 면까지 포함해 이 의문에 대한 답과 그 밖의 정보들까지 얻었다. 이 사례가 여러분에게 영감을 안겨주고 가장 힘든 시기에도 성장을 이룰 수 있다는 증거가 되기를 바란다. 사실 가장 힘든 시기의 성장을 증명하는 것은 이렇게 진정한 지수 성장을 이룬 기업들의 특징이기도 하다. 나는 독자 여러분도 고성장 기업이라는 엘리트 기업의 지위를 얻는 데 도움을 얻을 수 있도록, 이 기업들이 지닌 통찰력을 파악하려고 애썼다.

몇 년 전으로 돌아가, 미국에서 기하급수적인 성장을 기록한 기업들의 성공 패턴을 파악하기 위한 연구를 시작했던 2001년부터 2003년 사이의 시기를 살펴보자. 불경기에 불어 닥친 하강 기류에 대부분의 기업들이 맞바람을 맞으며 나는 새처럼 비틀거리고 있을 때에도 이베이 같은 회사는 계속 번성했다. 먼저 이런 엄선된 기업

들의 재무 패턴을 살펴보고 이들이 미치는 재정적 영향을 만들어
낸 행동들을 정의하는 과정에서 나는 모두에게 공통적으로 필요한
행동과 기술을 발견하는 것이 가능하다는 사실을 알았다. 그 결과
이런 역공학을 통해 업계나 경기 변동과 무관하게 이들 기업이 공
통적으로 지니고 있는 일련의 통찰력—또는 본질적인 정수—이
드러났다.

또한 이 조사 기법은 별다른 관련이 없거나 독특하지 않은 태
도와 행동은 결과에서 제외시켜주었다. 예컨대 거의 모든 기업이
열정적인 경영 팀을 보유하고 있었던 반면 실패한 기업에는 무모
한 열정만이 있을 뿐이었다. 이런 기업은 언제 멈춰야 할지를 몰랐
다. 왜 이런 무모한 열정을 품게 되는 것일까? 내가 이런저런 자리
에서 기조연설을 한 뒤에 받는 질문 가운데 가장 흔한 질문 하나가
바로 "기업이 실패하는 가장 큰 원인은 무엇인가?"라는 것이다. 가
장 유력한 원인은 바로 무모한 열정이다. 이런 회사의 경영진들은
자기 조절에 실패했고, 특히 경기가 바뀌면서 고객들이 자신의 욕
구를 재정의하는 시기에 그런 경향이 더 두드러졌다. 그 결과 실패
한 기업들은 버는 것보다 더 많은 돈을 계속 썼고, 결국 재정이 파
탄 나는 지경에 다다른 것이다.

이 책은 모든 업계에서 활동하는 블루 프린트 컴퍼니에 공통적
으로 드러나는 본질적인 요소에 초점을 맞출 것이다. 이 책은 한
업계에서 활동하는 단 하나의 기업이나 몇몇 성공한 기업들로부터

얻은 교훈을 들려주는 책이 아니다. 또 매우 어려운 시기에도 성장을 달성할 수 있었던 저력에 특별히 집중함으로써, 여러분 회사의 성장 가능성을 높이기 위해 지금 당장 적용할 수 있는 기본적인 로드맵을 찾아내려는 것이 중요한 목적이다.

비즈니스에 종사하는 이들은 모두 자기 회사는 남들과 다르다거나 자신들이 처한 상황은 유별나다고 생각할 수 있다. 하지만 고성장 기업들에는 우수한 성장 기업을 일궈낸 공통적인 성공 패턴이 존재한다. 수치가 이 사실을 증명한다.

핵심 포인트

- 불경기나 성장 속도가 느려지는 경제 주기에도 항상 성장하는 시장 분야가 있게 마련이다.
- 미국에서 가장 큰 성공을 거둔 기업들의 독특한 매출 성장 패턴은 복합적이거나 기하급수적인 매출 성장을 나타내는 것이다. 여러분 회사의 성장 패턴을 파악하고, 이런 성공 패턴을 이루기 위해서는 어느 정도의 점진적인 매출 성장이 필요한지 판단해보자.
- 지수 성장 기업은 모든 경제 분야에 존재하며 경제적으로 힘든 시기에도 성장을 거듭한다. 실제로 이런 시기에도 성장한 기업들은 다음 성장 주기가 되면 리더 기업으로 자리 잡는다.

뜻밖의 조사 결과

- 미국의 고성장 기업들이 미치는 영향의 불균형 증가: 1980년 이후 주식 시장에 상장된 모든 기업 가운데 단 4퍼센트의 기업이 매출, 고용, 시장 가치, 세금의 60퍼센트 이상을 차지한다.
- 지난 5년 사이 주식회사의 실패율은 25퍼센트에서 60퍼센트 증가했다.
- 매출이 5천만 달러에서 100억 달러 이상으로 늘어나는 기하급수적인 매출 증가를 달성할 수 있다. 이런 성장 패턴은 규모에 상관없이 모든 업계의 모든 기업에 적용된다.
- 미국의 지수 성장 기업들은 실제로 불황기에도 성장을 거듭한 한결같은 기록을 보유하고 있다.

PART 2

고성장 기업의 7가지 비밀

자기 회사의 비즈니스 성장에 이용할 수 있는
가치관과 경영 방안을 파악한다.

7가지
핵심 원칙

"아무리 힘든 시기에도 강인한 기업은 계속 성장한다."

이 말은 지금 87세이신 우리 아버지가, 한 기업의 본부장으로서 부진한 실적의 사업 부서들을 흑자로 전환시키기 위해 노력하면서 이것은 불가능에 가까운 외로운 길이라는 생각에 빠져 있던 내게 들려주신 고무적인 말씀이다. "강인한 기업은 계속 성장한다"는 것은 오늘날 가장 힘든 시기를 지나면서도 계속 성장할 수 있는 저력을 갖추고자 노력하는 성공한 기업 임원들에게서 볼 수 있는 경영 태도이기도 하다.

경제적으로 힘든 시기는 여러분의 회사를 경쟁자들과 차별화할 수 있는 성장 기회이기도 하다. 힘든 시기에 성장을 이룩한 기업은 대개 불황기가 끝나자마자 다음 성장주기를 위해 선택된 리더 기업으로 부상하게 된다. 이것은 미국 성장 기업의 성공 패턴을 통해 얻은 확실한 사실이다.

게다가 이런 힘든 시기에는 비즈니스 성장에 대한 고무적이고 실용적인 교훈을 얻을 수 있다. 미국에서 사업을 하는 우리들이 최근 떳떳하지 못한 비즈니스 및 투자 거래에 대한 뉴스를 보고 들으며 알게 된 것처럼, 요즘에는 견실한 가치관과 원칙을 기반으로 한 비즈니스 성장과 부를 축적할 수 있는 기회를 쌓거나 되찾을 수 있는 고용 기회, 무모한 시기에도 냉철한 시기에도 사업이 꾸준히 성장할 수 있다는 자신감이 다시 생기기를 바라는 간절한 요구가 더 커졌다.

이 책을 쓰게 된 이유도 불경기와 회복기 속에서 시험을 거쳐 어떤 경기 변동 속에서도 지속적인 성장을 이룰 수 있도록 하는, 검증된 재정 및 경영 활동과 관련된 7가지 기본 원칙을 여러분의 회사에 적용할 수 있도록 돕기 위해서다. 이 원칙을 적용하여 가장 힘든 시기에도 기업을 성장시킬 수 있다면 시장이 호황기를 맞을 때는 과연 어떤 효과를 발휘할지 한번 상상해보라!

이런 7가지 원칙은 어디에서 나온 것일까? 이것은 미국에서 가장 놀라운 성장을 이룩한 기업들이 20년 넘게 격동의 세월을 보내며 여러 차례의 호황기와 불황기를 겪는 동안 성장을 위해 적용해 온 통찰력과 행동들이다. 7가지 기본 원칙은 6년 이상 지속된 인터뷰와 조사, 조언, 모든 업계에 걸친 수많은 경영 팀과의 협업을 기반으로 만들어졌다. 이 7가지 원칙에 대해 내가 처음 쓴 것은 2006년에 발간된 《블루 프린트 컴퍼니*Blueprint to a Billion: 7 Essentials to Achieve Exponential Growth*》라는 책에서였다. 이 자리를 빌어 이 책을 베스트셀러로 만들어주고 감동적인 서평을 써준 모든 독자들과 후원자들에게 감사한다.

7가지 원칙 각각을 기준으로 자신들의 성과를 측정해보고 싶어 하는 경영 팀들의 요구에 부응하기 위해 우리 팀원들과 나는 여러분의 회사 상태와 미국에서 가장 크게 성장한 기업들의 성공 패턴을 기준으로 회사가 어떻게 운영되고 있는지 평가할 수 있는 온라인 도구인 '7대 원칙 점수표(7 Essentials Scorecard)'를 만들었다. 점수표와 연구를 통해 나온 데이터를 기준으로 7가지 원칙에 따른 검증된 성장 패턴을 계속 확인할 수 있다. 이 책은 기업의 성장 가능성을 높이기 위해 즉각적으로 적용 가능한 맞춤형 활동을 제시한다.

‖7가지 원칙이 나오게 된 배경‖

2001년부터 2003년까지 계속된 불황기에, 시장 평가가 붕괴되고 시장성 높은 혁신적인 제품들의 새 물결이 나타나지 않는 바람에 기업들은 모든 면에서 실패를 거듭했다. 당시 나는 CEO, 벤처 캐피탈리스트, 포춘 500대 기업 임원들, 사모 기업들과 성장에 대해 다시 정의하기 위한 토론에 참석하게 되었다. 이들은 불황이나 극심한 경기 변동 속에서도 성장을 이룰 수 있는지, 혹은 이에 맞서 분투하는 비즈니스와 투자가 성장 기회가 될 수 있을지 알고 싶어 했다.

내가 맥킨지(McKinsey) 사의 수석 연구원으로 재직하던 당시 우리 회사에는 실패한 기업을 회생시켜 10억 달러 기업으로 성장시키는 일을 전문으로 하는 동료들이 많았다. 나는 왜 어떤 회사는 고성장을 유지하려는 그 모든 최선의 노력에도 불구하고 결국 곤두박질치고 마는지 그 이유를 밝혀내고 싶다는 강한 욕망을 느꼈다. 어쨌든 처음부터 실패하기 위해 시작한 기업은 없지 않은가. 모든 기업은 놀라운 매출을 올려 성공적인 성장 궤도를 그리겠다는 부푼 희망을 안고 설립되었다. 그러나 최근의 불경기가 실패하는 기업들의 비율 불균형을 한층 더 증폭시킨 것만은 분명하다.

사업에 실패할 가능성이 성공할 가능성보다 훨씬 크다는 이런 격차를 내 눈으로 확인한 뒤, 나는 재무 및 경영 가치관의 관점에서 특히 경기가 후퇴하는 시기에도 지속적인 성장을 달성하는 데 기여하는 것이 무엇인지 명확하고 측정 가능한 답을 알아내기 위한 중요한 연구 작업을 수행하기로 결심했다.* 업계에 상관없이 지수 성장을 이룰 수 있는 기본적이고 공통된 원칙을 찾고자 노력한

---

* 조사 기간은 내가 맥킨지 사와 휴렛패커드를 떠난 뒤에 진행되었다.

것이다. 아무튼 장기적인 성장을 달성하는 기업을 구축하는 것이 비상 구제를 받아야 하는 상황에 처하는 것보다 낫지 않겠는가.

또 나는 스티븐 코비의 베스트셀러인 《성공하는 사람들의 7가지 습관》*을 읽고 개인 능력에 대한 그의 단순 명료한 지혜에 감동을 받은 뒤, 예외적인 성장을 이룩한 기업들의 7가지 기본 원칙을 파악하고자 열의를 불태우게 되었다. 기업을 효과적으로 이끌어가는 능력도 중요한 장점임에는 틀림없다!

맥킨지 사에서 컨설턴트로 근무하는 동안 나는 비즈니스 역학이 지수 성장에 긍정적인 영향을 미치는, 혹은 부정적인 방향으로 흐를 경우 기업의 실패에 영향을 미치는 프로세스나 관행들이 서로 연결되어 만들어내는 기본적인 피드백 루프를 파악하는 데 도움이 된다는 사실을 알게 되었다. 모든 블루 프린트 컴퍼니의 특정한 비즈니스 역학이나 피드백 루프를 모델링하는 것은 불가능하지만 그 대부분의 기업에 공통적으로 나타나는 듯한 동적인 기본 원칙을 파악하는 데는 성공했다. 이것을 7대 원칙이라고 부른다. 이것은 경영의 기본 원칙, 즉 지수 성장을 이루는 데 필요한 가치관과 경영 기법을 말한다. 블루 프린트 컴퍼니에 속하는 기업과 업계는 매우 다양하지만, 이런 기본 원칙은 내가 조사한 모든 블루 프린트 컴퍼니와 업계에 공통적으로 나타나는 것을 알 수 있다.

----

* 스티븐 코비, 《성공하는 사람들의 7가지 습관》, 프리프레스, 15주년 기념판(2004년 11월 9일), 1천 500만 부가 팔렸다.

한편 성장이 느리거나 실패한 기업들과 비교했을 때 공통적으로 나타나는 이 7대 원칙이 블루 프린트 컴퍼니 고유의 것임을 증명하기 위해 같은 업계에 속한 기업들을 비교해보았다. 블루 프린트 목록에서 고른 기업군 하나와 같은 해에 설립되어 동일한 시장 기회를 얻었지만 기하급수적인 매출 증가에 실패한 기업 가운데 고른 기업군을 서로 비교한 것이다. 일례로 시벨 시스템(Siebel Systems)은 오닉스 소프트웨어(Onyx Software)와 같은 해에 설립되어 같은 시장을 목표로 삼았다. 시벨은 10억 달러 매출을 달성했지만 오닉스는 그러지 못했다. 또 주니퍼 네트웍스와 아비치 시스템(Avici Systems)은 같은 해에 설립되었지만 주니퍼는 10억 달러 이상의 매출 기업으로 성장한 반면 아비치는 구조 조정을 겪어야만 했다.

‖7대 원칙 파악하기‖

초기 조사에서 나는 CEO 협회, 투자자, 경영진들에게 7대 원칙을 제시하고 이에 대해 논의를 나누었는데, 이들은 이 연구를 통해 보다 보편적인 리더십의 실체를 식별해달라는 과제를 내게 안겨주었다. 이 실체에는 특히 불경기와 회복기에 오래도록 지속 가능하고 질 높은 지수 성장을 달성하기 위한 변함없는 경영 원칙도 포함된다. 이후 몇 년 동안의 연구와 수많은 인터뷰를 거친 끝에 7대 원칙에 내재되어 있는 경영 가치관과 기법을 발견할 수 있었다. 이

것들이 하나로 힘을 합쳐 내가 원칙 트라이앵글 체제(그림 5 참조)라고 부르는 것에 재정적인 영향력을 발휘한다. 진입하는 쪽에는 빅 아이디어, 또는 가치 제안이 필요하다. 빅 아이디어를 통해 기하급수적인 매출 성장을 이루려면 3가지 기본 원칙이 필요하다. 기하급수적이면서 지속 가능한 수익 창출 기회를 포착하려면 3가지 원칙이 더 필요하다. 이 기초 원칙을 위한 틀이 바로 원칙 트라이앵글이다. 이 삼각형 틀의 각 면은 연구 개발, 매출, 수익이라는 회사의 재무제표와 연결되어 있다.

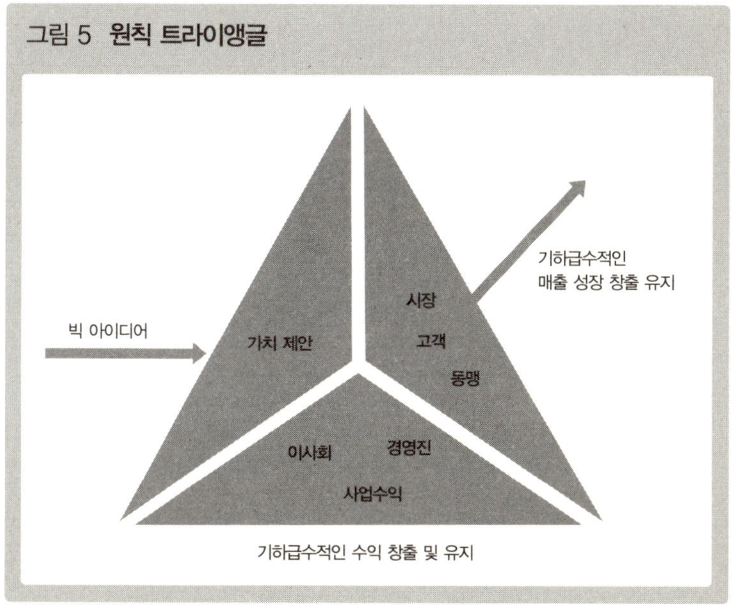

출처 : 블루 프린트 분석

　지수 성장을 기록한 기업들은 대약진을 이루거나 고객들에게 '훌륭한' 가치를 전달할 수 있는 빅 아이디어를 내놓는다. 이런 빅 아이디어는 고객들의 충족되지 않은 니즈를 최선의 방법으로 충족시켜주기 때문에 경쟁사가 내놓는 아이디어보다 뛰어나며, 이런 우위는 시작할 때뿐만 아니라 매출 10억 달러를 향해 나아가는 여정 내내 이어진다. 대부분의 기업들은 자기가 속한 업계의 현 상태를 그대로 받아들이지만 블루 프린트 혁신 기업들은 다르다. 이들은 엄청난 비약을 이룰 수 있게 해주는 가치 제안과 함께 블록버스터 아이디어를 찾고 또 개발한다.

　기하급수적인 매출 성장을 이루고 그것을 유지하는 기업은 경영진들이 기하급수적인 수익을 올리기 위한 비즈니스 모델을 만들 수 있게 해준다. 또 매력적인 시장, 고객, 동맹은 기하급수적인 매출 성장을 가능하게 한다. 블루 프린트 컴퍼니는 그 모든 것을 활용한다.

　매출이 놀랍게 증가한 기업들은 설립 초기부터 꾸준히 건설적인 투자 수익률(ROI)과 현금 흐름을 달성하기 위해 지출과 투자를 관리하는 방법으로 기하급수적인 투자 수익이나 이익을 얻는 비즈니스 모델을 만들 수 있다. 기술 기업들은 비록 미국의 성장 기업들 가운데 가장 우세한 위치를 차지하고 있지는 않지만 기하급수적 수익을 올리는 문제에 있어서는 훌륭한 역할 모델이다. 이런 기업들의 경우 변곡점부터 매출 10억 달러를 달성할 때까지 꾸준히 건설적인 현금 흐름이 매출의 10퍼센트 이상을 차지한다는 사실을 알아냈다. 따라서 4년, 6년, 12년 궤도에 따라 다르기는 하지만 현금 흐름의 절대 가치가 기하급수적인 매출 성장과 평행을 이루게 된다. 현금 흐름과 ROI는 시장 가치(또는 주주 가치)를 움직이는 중요한 추진력이다. 이 정도 규모의 수익을 달성하려면 경영진들이 7대 원칙 가운데 5가지 이상을 실행에 옮겨야 한다.

고성장 기업들은 다양한 경제 분야에 흩어져 있고 기업 규모도 저마다 다르기는 하지만 7가지 공통된 경영 관행은 몇 번이고 거듭 그 모습을 드러낸다. 우리가 조사 대상으로 삼은 기업들의 90퍼센트 이상에서 이 7대 원칙 가운데 5가지 이상이 나타났다. 따라서 7대 원칙은 지수 성장을 달성하고 유지하는 데 꼭 필요한 것이다.

이제부터 여러분이 적용할 수 있는 생생한 실행 방법과 함께 7대 원칙을 설명하겠다.

7대 원칙

원칙 1 : 혁신적인 가치 제안을 하고 그것을 유지한다
　　　뛰어난 장점이나 고객들이 생각하기에 남다른 가치를 전달한다.

원칙 2 : 성장 가능성이 큰 시장 세그먼트를 개척한다
　　　'대약진을 이룰 수 있는 혁신'을 이용하거나 큰 시장 내에서 시장 세그먼트를 다시 정의하거나 특정 시장 분야를 카테고리 킬러로 최적화해 새로운 시장을 창출한다.

원칙 3 : 영향력 있는 고객을 활용해 매출 성장을 가속화한다

고객은 단순히 제품을 구입하는 관계를 뛰어넘어 고객 이상의
존재가 될 수도 있다. 최고의 고객은 회사 성장을 이끄는 또 다
른 영업사원이나 회사의 고문 같은 역할을 하기도 한다. 이들은
고객 1인당 매출을 기하급수적으로 증가시킨다.

원칙 4 : 제휴 관계의 기업들을 활용해 새로운 시장에 진입한다

제품 포트폴리오의 부족한 부분을 메우고 공급 사슬을 강화하
거나 새로운 시장으로 진입하기 위해 장기적인 윈-윈 파트너십
을 구축한다.

원칙 5 : 기하급수적 수익 성장의 대가가 된다

현금 흐름이 원활하고 장기 부채가 거의 없는 기업이 바로 대가
들이다.

원칙 6 : 내부-외부 리더십을 이용한다

서로를 보완하는 내부와 외부의 리더가 한 쌍을 이뤄 회사를 이
끌어가게 한다. 한쪽은 회사 내부에 집중하면서 운영과 혁신에
중점을 두고 다른 한쪽은 사외 업무를 챙기면서 고객, 동맹, 커
뮤니티에 집중한다. 내부-외부 리더십 원칙은 조직 전체에 적
용할 수 있다.

**원칙 7 : 이사회에 고객, 파트너, 성장 전문 CEO 등 원칙 전문가들을 고
루 배치한다**

고객, 제휴 파트너, 더 큰 기업을 성장시키는 데 성공한 CEO
등 원칙 전문가들을 이용해 투자자와 경영진이 조화를 이루도
록 한다.

‖ 원칙 1 : 혁신적인 가치 제안을 하고 그것을 유지한다 ‖

가치 제안은 고객이 이 회사의 제품이나 서비스를 사용했을 때

얻을 수 있는 이득이 무엇인지를 고객이 이해할 수 있는 말로 알려
준다. 미국에서 가장 놀라운 성장을 이룬 기업들은 남다른 가치를
전달했을 뿐만 아니라 혁신적인 가치 제안까지 내놓았다.

이런 혁신적인 가치 제안 3가지를 소개한다.

1. '새로운 세계를 만드는 기업'은 세상을 바꿔놓을 만한 제품과 서
   비스를 만들어 제공한다. 예를 들어, 시스코가 만든 데이터 스위
   칭 라우터는 인터넷을 통한 데이터 흐름을 가능하게 했다.

2. '틈새시장을 만드는 기업'은 특정한 시장 세그먼트를 다시 정의
   하는 제품이나 서비스를 이용해 새로운 세계를 만드는 기업을 뒤
   따른다. 발바닥의 움푹 들어간 부분을 받쳐주고 발바닥에 푹신한
   쿠션을 대고 공기 순환에 적합한 소재를 사용해 러닝화의 개념을
   새롭게 한 나이키의 경우처럼 말이다.

3. '카테고리 킬러'는 더 뛰어나고 빠르고 저렴한 가치 제안을 통해
   기존 상품을 공격함으로써 시장을 최적화한다. 항공업계의 여행
   방식을 최적화한 사우스웨스트 항공의 접근 방식, 월마트의 후속
   으로 등장한 베스트 바이나 다른 '대형' 매장, 여행업계를 재창
   조한 프라이스라인 닷컴(Priceline.com) 등이 그런 사례이다. 이런 형
   태의 기업들은 특히 불황기에 크게 번성했다.

이베이, 마이크로소프트, 암젠, 제넨텍 등은 새로운 세계를 만

드는 기업이고 스타벅스는 틈새시장을 만드는 기업이며 특화된 소매업체에 비해 저렴한 가격을 제시하는 홈데포나 스테이플스 같은 기업은 카테고리 킬러라고 볼 수 있다. 처음에는 블루 프린트 컴퍼니의 최상위에 있는 기업들이 새로운 세계를 만드는 기업들이라고 생각했지만, 블루 프린트 컴퍼니에 속하는 상위권 기업들 가운데 40퍼센트 이상이 틈새시장을 만드는 기업이거나 카테고리 킬러라는 사실을 알게 되었다. 이것은 위대한 기업들은 반드시 성장을 위해 엄청난 혁신을 이루거나 새로운 시장을 창출해야 한다는 일반적인 개념과는 반대되는 결과다.

고객에게 뛰어난 장점을 전달하는 기업들은 매출 성장률이나 매상 총이익, 경쟁적 우위에서 남들보다 뛰어난 경향이 있다. 뛰어난 장점의 한 가지 예가 바로 관련성 높은 결과를 보여주며 빠르고 믿을 수 있다고 고객들이 생각하는 구글의 검색 서비스다. 엄청난 성공을 거둔 스포츠웨어 회사인 나이키가 새롭게 시장에 내놓은 언더아머 러닝화는 출시된 이후 꾸준히 우리의 달리기 체험을 재정의하고 있다.

시장과 제품 카테고리는 끊임없이 다시 정의된다. 성장 기업에게는 휴식이 있을 수 없다! 고객의 입장에서 표현된 장점은 새로운 고객들에게 가장 큰 가치를 지닌다. 고객에게 전달되는 최고의 가치는 곧 가장 높은 매출 성장을 기록한 회사들과 연결되는 경향이 있다.

여러분의 회사가 새로운 시장을 창출했거나 집중하는 시장 세그먼트를 재정의했거나 시장 카테고리를 최적화했는지의 여부를 판단하는 것은 7대 원칙을 자기 회사에 맞춰 실행하기 위한 선행 조건이다. 이것은 간단한 선택처럼 보이지만 경영진들과 그들이 동의하지 못하는 부분에 대해 수많은 논의를 거쳤다. 예를 들어, 시장을 다시 정의하려는 기업들은 뛰어난 장점을 전달하기 위해 유명한 고객을 자사의 아이콘으로 활용해야 하고, 시장을 최적화하기 위해서는 고객들이 비용 절감 효과를 직접 체험하고 소문을 퍼뜨려줘야 한다. 게릴라식 마케팅 방법인 셈이다. 이 방법은 톰 스템버그가 스테이플스를 처음 창업하고 고객이 아무도 찾아오지 않았을 때 효과적으로 활용한 기법이다. 이 책 4부에서 그가 유용한 통찰력을 이용해 이 심각한 문제를 어떻게 해결했는지 직접 들려줄 것이다.

여러분이 당장 내일 아침부터 시작할 수 있는 조치는 고객들과 이야기를 나누고 회사의 뛰어난 장점을 다시 정의하는 것이다. 경기가 후퇴하는 힘든 시기 동안 고객들은 가치, 융통성, 괜찮은 품질, 비용 효과를 기준으로 자신이 원하는 장점을 다시 정의한다.

불경기를 거치며 성장의 연료가 되어준 미들비의 가치 전환

7대 원칙에 대한 CEO 패널 토론의 의장 역을 맡았을 때, CEO들은 모두 듣는 사람을 아연하게 만드는 실용적인 제안을 내놓았다. 따라서 "내가 왜 이 생각을 못했지?"라든가 "내일 당장 해봐야

겠다!"라는 솔직한 반응을 자주 들었다. 그 가운데 정말 기억에 남는 패널 토론이 하나 있었다. 이것은 기업이 고객들에게 완전히 차별화된 귀중한 장점을 제공하는 일에 집중함으로써 어떻게 유례없는 성장을 이룰 수 있는지를 증명해주었다.

셀림 A. 바소울은 2002년과 2008년의 불경기를 거치면서도 높은 매출 성장을 기록한 몇몇 기업 가운데 하나인 미들비 사의 회장 겸 CEO로 재직 중이다. 그의 회사는 집단 급식과 일반 식당, 공공기관의 주방, 음식 포장 업체에서 사용하는 오븐 및 레인지 프로세싱 장비 분야에서 최고의 부가가치를 창출하는 제조업체다(각 제품 카테고리에서 시장 점유율 1, 2위를 다투는 기업이다). 미들비의 고객 중에는 파네라 브레드, 던킨 도너츠, 서브웨이, 파파 존스, 모튼스 더 스테이크하우스(Morton's The Steakhouse) 등도 포함되어 있다.

1999년의 인터넷 버블이 한창 붕괴되고 있던 기간에 사장직을 맡아 부실에 빠진 회사를 회생시키는 모습을 상상해보라. 셀림 바소울이 미들비를 맡을 당시 이 회사의 매출은 1억 3,200만 달러였는데 2001년부터 2003년까지 이어진 불경기가 시작되면서 곧 1억 달러로 매출이 줄어들었다. 그는 이렇게 회상한다.

"우리는 자원도 자본도 매우 부족했고 현금도 다 떨어져가고 있었으며 영업의 60퍼센트 이상을 세 곳의 거래처에 의존하는 상태였습니다. 우리에게는 혁신 정신이 부족했고 우리가 생산하거나 만들어내는 제품은 믹서, 냉장고, 오븐 등 남을 흉내 내어 만든 다양한 주방 제품들이었죠. 또 주문이 들어와도 약 30퍼센트는 제때 선적하지 못했습니다. 형편없는 회사의 사례 연구로 쓰일 만한 회사였죠."

무조건적인 교환·환불 보증

바소울은 미들비가 시장에서 차별화될 수 있는 한두 가지 제품을 빨리 찾아내 커다란 전환을 이루어야만 하는 절망적인 상황이었다고 설명했다. 이 회사는 성장에 대한 마음가짐을 완전히 바꿔야만 했다.

"우리 분야에서 최고의 회사가 되기 위해서는 고급스러운 브랜드를 구축해야 했기에 오븐에 집중하면서 '무조건 교환·환불 보증'으로 이를 뒷받침했습니다. 무조건적인 보증이라는 건 말 그대로 아무런 조건 없이 고객이 원하는 대로 해주겠다는 뜻이었죠. 미들비는 어떤 이유도 묻지 않고 고객에게 판매한 장비를 반환받기 시작했습니다. 이 보증은 첫해에만 유효했지만 다른 장비의 경우 이 기간이 길어질 수도 있었죠. 우리 목표는 고객이 요리와 서비스에 대해 품은 기대에 부응하거나 이를 뛰어넘는 것이었습니다. 코스트코(Costco)와 노드스트롬(Nordstrom)은 '무조건' 교환·환불 정책을 통해 큰 성공을 거둔 몇 안 되는 소매업체들이죠. 주방 제품을 반품하는 것은 셔츠를 반품하는 것보다 훨씬 돈이 많이 들기 때문에 우리의 제안은 고객들의 흥미를 돋울 수밖에 없었습니다.”

또 하나의 차별점은 다음과 같다. 미들비는 오븐을 선적하기 전에 일일이 테스트를 거쳤다.

“이 방법은 우리 안의 열의를 북돋아 설계, 생산, 설치, 서비스 등 우리가 하는 모든 일을 통해 최고의 품질이 태어난다는 확신을 심어주었습니다. 기본적인 일처럼 들리겠지만 경쟁사들이 모두 이렇게 하지는 않거든요.”

미들비의 성장 전환은 업계 최고의 보증과 뛰어난 운영 효율 이상의 것을 결합시켰다. 바소울은 미들비의 가치 제안을 바꾸는 데 집중했다. 그는 부실기업을 회생시켜 성장으로 전환할 수 있는 기회를 알아내기 위해 혁신적인 방법을 이용했다.

“우리 회사 영업 팀은 신규 고객이나 기존 고객과의 관계를 굳건히 하는 데 집중했습니다. 경쟁사 고객들에게까지 전화를 하는 새로운 방법을 시도했죠. 그들에게 제품을 팔려는 것이 아니라 왜 경쟁사 제품을 구입하는지 그 이유를 알아내고 시장에 대한 통찰력을 듣기 위해서였습니다.”

2001년에 미들비가 흑자 전환을 이루는 동안 바소울은 경쟁사의 식당 고객들에게 자기 회사와 직접적인 관련이 있는 듯한 두 가지 사실을 들었다고 말했다. 식당들이 식자재 구입비를 줄이고 있고 캐주얼 다이닝 사업이 날마다 성장을 거듭하고 있다는 것이었다.

여성 요리사가 원하는 것

바소울은 경쟁사 고객들의 이야기를 듣는 과정에서 얻은 통찰력을 바탕으로 캐주얼 다이닝을 중심으로 브랜드를 재정립하고 에너지 효율적인 오븐을 만드는 데 필요한 혁신을 이루기 위해 미들비의 모든 엔지니어링 역량을 집중하기로 결심했다. 그는 또 다른 어려운 교훈도 얻었다.

"우리는 상당히 유용한 정보를 얻었습니다. 바로 요리사들 가운데 절반 이상이 여성이라는 것이죠. 우리 회사는 곧바로 여성 요리사 자문위원회를 구성해 그들이 요구하는 것에 귀 기울이기 시작했습니다."

여성 요리사들은 가장 위쪽에 있는 선반까지 이용할 수 있도록 높이가 낮고 좀 더 효율적으로 자동 세척이 이루어지면서 자신들의 친환경적 가치관에 맞는 에너지 효율적인 오븐을 원했다. 바소울은 이렇게 말한다.

"우리는 '더 크고 강력하게 만들자'는 남성 중심적인 사고방식에서 벗어나 우리 제품을 사용하는 대다수의 요리사들이 원하는 장점을 다시 정의했습니다. 당시 우리가 한 일은 미들비의 경쟁사들이 하던 일과는 완전히 달랐습니다. 그것이 바로 우리가 그 일을 한 이유였죠.

여성들에게 적합한 기능을 다양하게 갖춘 새로운 오븐 제품을 출시하는 것과 더불어 우리는 '얌!' 브랜드(YUM! Brand)와 제휴해 켄터키 프라이드 치킨에 구운 닭고기 메뉴를 도입하고, 던킨 도너츠와 서브웨이에 오븐을 공급하는 등 캐주얼 다이닝 분야의 리더들에게도 집중했습니다. 지금은 이들 모두가 우리 회사의 영향력 있는 고객들입니다."

바소울은 미들비 제품을 사지 않는 고객들을 통해 계속해서 새로운 교훈을 얻었다. 경쟁사들이 무슨 일을 하는지 알아내고, 고객들이 바라는 요구를 중심으로 새로운 틈새시장을 찾아내며, 자기 회사가 그들의 요구를 충족시키지 않는 이유와 원인을 파악했다. 바소울은 이렇게 말했다.

"직관에 반하는 행동처럼 보일지도 모르지만 경쟁사의 고객들이 우리의 고객보다 좀 더 허심탄회하고 솔직하게 이야기하거든요. 이들은 우리의 감정이 상할지는 않을까 걱정하지 않고 사실을 있는 그대로 말해줍니다."

경쟁사 고객들의 시각을 통해 성장 기회를 보는 것은 기존 고객들의 이야기를 듣는 것보다 더 중요할 수 있다. 그러니 자사 고객뿐만 아니라 경쟁사의 가장 중요한 고객들의 말에 귀 기울임으로써 1＋1＝3의 효과를 얻자. 증거를 원하는가? 2001년에 1억 달러까지 떨어졌던 미들비의 매출은 2009년 말에 6억 5천 700만 달러 이상으로 늘어났다. 바소울과 그의 회사는 2007~2009년의 불경기에도 경쟁사 고객의 요구를 만족시키고 그들이 가진 식견을 파악하기 위해 질문을 던진다는 것이 두렵게 느껴질지도 모르지만 셀림 바소울은 몇 가지 독창적인 방법을 고안했다.

"그들과 만나기 전에 이렇게 말합니다. '이 업계를 발전시키고 또 동시에 우리 회사까지 발전시킬 수 있는 방법을 찾고 있습니다. 귀하의 지혜와 통찰력을 나눠주실 수 있으시겠습니까?' 라고 말이죠. 고객들은 내가 그들과 직접 만나기 위해 시간을 낸다는 사실을 기뻐한다는 것을 알았습니다.

성공 비결은 두 가지입니다. 일단 의견을 묻고, 그 뒤에 직접 만나 이야기를 듣는 시간을 가지는 겁니다.

우리 업계 동향과 그들이 하는 사업 동향에 대해 묻습니다. 별로 부추길 필요도 없이 우리 회사 제품을 사지 않는 이유를 두어 가지는 들을 수 있습니다. 해당 지역의 판매 대리점이 그들의 요구를 만족시켜주지 않는다거나 가격이 너무 비싸다거나 자신에게 필요한 기능이 없다는 것이죠. 새로운 기능을 설계하면 미들비를 위한 새로운 고객에게 향하는 문을 열 수 있습니다. 예를 들어, 오븐에 전기 점화 장치를 추가한 덕분에 밤에 오븐을 끄는 새로운 고객들을 끌어모을 수 있게 되었음을 알았습니다. 또 경쟁사 고객들이 현재 사용하는 제품에 불만을 느끼면서 다음에는 미들비 제품으로 옮겨가고 싶어 한다는 이야기도 들었습니다."

30퍼센트라는 괄목할 만한 성장률을 달성했고, 언스트앤영(Ernst & Young)이 주는 2004년 올해의 기업가 상과 2007년 기업 협회상 등 수많은 기업 성장 관련 상을 수상해 그 공로를 인정받았다.

여러분 자신과 경영진에게 다음과 같은 질문을 던져보자.

- 곧 다가올 힘든 시기에 대비해 고객들이 자신의 욕구나 원하는 장점을 다시 정의한다고 할 때, 여러분 회사의 서비스나 제품이 해당 업계나 시장 카테고리의 고객들이 가장 원하는 서비스나 제품이 되려면 어떻게 해야 할까?
- 자기 회사 및 경쟁사의 가장 중요한 고객들의 요구를 만족시키고 그들의 말에 귀 기울이고 있는가? 만약 그렇지 않다면 어떻게 시작하겠는가? 지금도 그렇게 하고 있다면, 이 과정을 통해 여러분의 회사가 제공할 수 있는 특별한 가치를 다시 정의할 만한 장점을 발견했는가?
- 여러분의 회사를 경쟁사와 차별화해줄 향상된 가치나 새롭고 탁월한 가치를 만들기 위해 어떤 조치를 취할 수 있는가?

‖ 원칙 2 : 성장 가능성이 큰 시장 세그먼트를 개척한다 ‖

기회는 어느 분야에나 존재하지만 개중에는 다른 업계에 비해 더 많은 기회가 있다고 인정되는 분야도 있다. 1990년대에는 바이오테크놀로지나 인터넷 소매업 같은 새로운 업계가 수많은 블루프린트 컴퍼니를 양산했다. 과거 25년 동안 새로운 10억 달러 매출 기업을 가장 많이 배출한 업계는 특화된 제품을 판매하는 소매업계다. 이런 현상이 나타난 것은 이 업계 내에 기업들이 도전할 만한 다양한 시장 세그먼트가 존재하기 때문이다. 간단한 몇 가지 예만 들어도 사무용 제품, 틴에이저 패션, 애완용품 등 수없이 다양하다. 이 업계의 뒤를 바짝 쫓는 것이 바로 보험, 의료 시설, 데이터 처리, 아웃소싱 서비스, 지역 금융 같은 유수의 서비스 업계들이다.

함께 연구를 수행한 동료들과 나는 최상위권에 속하는 5위 안에 소프트웨어나 하드웨어, 반도체 기술 기업이 하나도 없다는 사실에 놀랐다. 정말 예상치 못한 결과였다. 이와 대조적으로 한 업계에서 단 하나의 기업만이 매출 10억 달러를 달성한 기업으로 성장한 경우는 수없이 많았다. 가장 최근에 겪은 호황기와 불황기 속에서도 60억 달러의 매출을 유지한 기업 할리 데이비슨(Harley Davidson)을 보라. 이들 5개 서비스 업계의 CEO들을 인터뷰하면서 나는 모든 업계에 적용할 수 있는 일련의 사실들을 발견했다. 2009년도 기업 프로필을 보면 에너지, 공업, 의료 분야에서 새로운 10억 달러 기업들이 다수 성장한 것으로 나타나지만 이런 변화는 아직 장기적인 조사 결과를 바꿔놓을 정도로 유의미하지 않다.

이 서비스 업계의 CEO들은 성장 가능성이 가장 큰 시장은 전체 규모가 수천억 달러에 달하는 시장에 속한 잠재적인 10억 달러 시장 세그먼트를 다시 정의한 분야라고 말한다. 의료 서비스 분야의 기업들은 만성 질환 관리나 노인 요양 등의 하위 세그먼트를 목표로 하고 있다. 이는 또한 파네라 브레드 같은 소매업체가 캐주얼 다이닝과 관련된 소매 분야를 목표로 삼거나 펫스마트(PetSmart)가 애완동물 관리 제품과 서비스 관련 시장을 개척하여 성장을 이룬 방식이기도 하다.

여기서 얻을 수 있는 두 번째 통찰은 다른 업계에서 아이디어를 빌리는 것이다. 예를 들어, 스테이플스의 창립자이자 명예 회장인 톰 스템버그는 고객들이 필요한 사무용품을 모두 한 곳에서 구입할 수 있도록 하기 위해 슈퍼마켓 업계에서 사용하는 쇼핑 카트 제도를 도입했다. 중소기업이 여러 소매업체를 통해 필요한 물건을 구입해야 하던 시대에 이런 기업이 등장한 것이다. 이것은 누구나 생각할 수 있는 사업이지만 실제로 이런 일을 하는 기업은 드물었다. 왜일까? 우리의 타고난 직관이 업계의 시각을 통해 시장을 바라보도록 하기 때문이다. 사회적 네트워크나 경력, 재무 평가 등이 하나 또는 여러 개의 업계에 의해 제한을 받는 것이다.

마지막으로 세 번째 통찰은 고객과 가까운 곳에 머물 수 있는 기술과 경영 기법을 이용하라는 것이다. 미국 농촌 지역을 기반으로 활동하는 최고의 소매업체인 트랙터 서플라이(Tractor Supply)의 회장 자리에서 막 은퇴한 조 스칼렛은 일 년에 두 차례씩 공급업체들과 만나 고객의 요구 사항을 전달했다. 덕분에 그가 거래하던 공급업체들은 트랙터 서플라이를 이용하는 고객들의 요구에 맞게 제품 사양을 변경할 수 있었다.

경기가 어려울 때는 줄어든 고객 수요를 상쇄하기 위해 시장의 하위 세그먼트를 다시 정의하거나 전체 시장 내에서 인접한 시장 세그먼트로 옮겨가거나 고객의 변화하는 요구를 충족시키기 위해 협력사들과 힘을 모아 제품과 서비스를 개선하는 등의 방법으로 이용 가능한 시장을 확대해야 한다.

자기 회사 고객이 누구고 그들이 요구하는 바가 무엇인지를 다시 정의하고 고객의 충족되지 않은 요구를 파악하여 시장 기회를 재정립하는 것도 가능하다. 스스로에게 다음과 같은 질문을 던지면서 이 과정을 시작해보자.

- 성장 기회가 보이는 시장 세그먼트를 다시 정의하거나 파악하기 위해 얼마나 혁신적인 방법을 동원하고 있는가?
- 고객의 요구를 해결해줄 탁월한 가치를 전달하는 데 필요한 제품이나 서비스가 무엇인지 파악하려면 신규 고객을 통해 어떤 통찰력을 얻어야 하는가?
- 가장 중요한 고객과 회사 사이의 가치 영역을 다시 정의할 수 있다면 폭발적인 성장을 이룰 시장 기회를 만들 수 있는가?

‖ 원칙 3 : 영향력 있는 고객을 활용해 매출 성장을 가속화한다 ‖

고객은 고객 이상의 존재가 될 수 있다. 최고의 고객은 여러분 회사의 영업력을 확대하는 존재가 되거나 가장 효과적인 영업 팀이 되기도 한다. 나는 이들을 가리켜 영향력 있는 고객이라고 부르는데, 이들은 제품을 시험하거나 사용하고, 유례 없는 매출 성장을 이루게 해주거나 자기 주변 사람들에게 이 회사를 추천해 회사 매출을 늘리는 데 기여하는 고객을 말한다. 이런 고객을 회사의 가장 중요한 자산 가운데 하나로 여겨야 한다. 3부에서 집중적으로 살펴보게 될 사례 연구 대상인 HCL 테크놀로지의 경우, 영향력 있는 고객의 추천 덕분에 잠재적인 새 고객과의 상담 성공률이 100퍼센트에 달하게 되었다.

소비재 회사에도 영향력 있는 고객이 존재한다. 일례로 이베이가 보유한 최고의 고객들은 이베이가 새로운 서비스를 구상하는 데 지속적으로 도움을 주는 피드백 시스템의 일부이기도 하다. 이들은 또 입소문을 통해 다른 고객들을 끌어들이는 강력한 영업력을 발휘하기도 한다.

남의 이목을 끄는 스컬캔디의 영향력 있는 고객

현재 놀라운 성장세를 타고 있는(이런 어려운 시기 속에서도 매출이 1억 달러를 돌파했고 지금도 계속 성장 중이다) 헤드폰 회사인 스컬캔디(Skullcandy)는 영향력 있는 고객을 이용해 성장을 촉진한 좋은 사례다. 스컬캔디의 CEO인 릭 앨든의 자세한 설명을 들어보자.

"우리의 제품 콘셉트는 헬멧이나 스키 재킷 같은 스케이트보드 및 스노보드 복장과 액세서리에 헤드폰과 오디오 기술을 통합시키는 것입니다. 이것은 다른 회사들이 아직 발을 들여놓지 않은 새로운 사업 카테고리죠."

스컬캔디에는 실제로 두 부류의 영향력 있는 고객이 존재하는데, 하나는 소매업체이고 다른 하나는 그 소매업체를 이용하는 고객들이다. 이들은 하나의 시장 안에서 서로 밀고 당기는 원동력을 만들어낸다. 브랜드 소매업체(영향력 있는 고객의 첫 번째 부류)는 스포츠를 좋아하는 사람들이 주로 쇼핑을 하는 브랜드 상점에 제품을 진열함으로써 미는 힘을 만들어낸다. 그리고 스포츠를 좋아하는 이들이 최신 동향을 파악하기 위해 주시하는 유명한 스노보더와 스케이트보더(두 번째 영향력 있는 고객 부류)들은 고객에게 영향을 미치면서 당기는 힘을 형성한다. 나는 앨든에게 그의 회사가 보유한 영향력 있는 고객의 기본적인 특징에 대해 설명해달라고 부탁했다.

"우리 회사의 경우 첫 번째 부류에 속하는 영향력 있는 고객은 클릭 스케이트보드 숍(The Click Skateboard Shop)과 솔티 픽스 스노보드 숍(Salty Peaks Snowboard Shop)입니다. 이들이 우리 제품이 얼마나 우수한지 증명해준 덕분에 다른 지역의 개별 소매업체들에게도 홍보가 되고 신뢰를 얻을 수 있었습니다. 우리 회사가 처음으로 인연을 맺은, 전국에서 영향력을 발휘하는 소매업체 고객은 액션 스포츠 분야의 리더이자 남다른 성장을 이룩한 주미에즈(Zumiez)입니다. 이 회사의 매장에 제품을 진열한 덕분에 스케이트보드와 스노보드 용품만 전

문적으로 취급하는 업체들에게 스컬캔디가 그들이 원하는 브랜드
를 제공할 수 있고, 또 전국 규모의 소매업체에 지속적으로 제품을
공급하는 것도 충분히 가능하다는 사실을 입증했죠. 그 다음에 받
은 도움은 미국 전역에 100개 이상의 매장을 보유하고 있는 최고의
소비자 전자제품 업체인 프라이 스토어(Frye Store)와 중요한 제휴 관
계를 맺은 것입니다."

수요 과잉 현상까지 만들어낼 가능성이 있다는 것을 깨달은 스
컬캔디는 함께 일하는 전문 소매업체들과의 제휴 관계를 이용해
영향력 있는 고객 가운데 두 번째 부류의 도움을 이끌어냈다. 앨든
은 이렇게 말했다.

"하프 파이프 월드 챔피언십(Half-Pipe World Chamiponship)의 메달
리스트이자 '웨트 캣(wet cat)'이라는 스노보드 기술을 처음 개발한
토드 리처즈가 스컬캔디를 사용하는 모습을 본 다른 스노보더들은
자기도 이 제품을 써보고 싶다는 생각이 드는 거죠."

스컬캔디가 이용한 영향력 있는 고객들 가운데는 X-게임(X-
Games)을 치르는 동안 스컬캔디 헤드폰을 쓴 올림픽 금메달리스트
대니 카스나 2005년에 〈스노보드 매거진 *Snowboard Magazine*〉이 선
정한 최고의 라이더 3위 자리에 오른 스노보더 마크 프랭크 몬토야
등도 있다.

이렇게 주변에 강한 영향을 미치는 이들이 스컬캔디 제품을 이

용하기 시작하자 이런 고객들 덕분에 다른 스케이트보더나 스노보
더, 심지어 스키어들까지 소매점에 와서 스컬캔디 헤드폰을 찾게
되었다. 앨든의 말이다.

"이 분야에 진출해 있는 헤드폰 업체는 우리뿐이었기 때문에
광고 계약을 체결하기 위해 경쟁할 필요도 없었습니다. 그냥 제품
을 주면서 무료로 사용해보라고 권하기만 하면 됐죠. 이들이 상품
을 추천해준 대가로 별도의 수수료를 지불하지도 않았습니다. 아
주 간단했죠."

기업의 기하급수적인 매출 성장의 기본적인 추진력은 영향력
있는 고객 1인당 급속도로 늘어나는 매출 성장이다. 고객 라이프사
이클 매출을 극대화하는 것은 고객 1인당 매출 성장을 기하급수적
으로 늘리기 위한 기본 조건이다.

경기가 좋을 때든 나쁠 때든 간에 최고의 고객은 그냥 물건을
사기만 하는 것이 아니라는 사실을 알아야 한다. 그들은 여러분 대
신 자기 주변 사람들에게 적극적으로 물건을 판매하기까지 한다.
이것은 영업력을 강화하기 위해 여러분이 사용할 수 있는 가장 효
과적인 방법 가운데 하나다. 또 비용은 극히 적게 들면서 놀라운
투자 수익률을 달성한다.

7대 원칙 워크숍을 여러 차례 진행하는 동안 나는 참가자들로
부터 가장 많은 논의를 이끌어내는 원칙은 회사 자문 겸 '등대 고
객'(회사를 위해 불을 밝혀주는 고객)으로 활약하는 영향력 있는 고객을

활용했을 때의 장점이 무엇인가, 라는 것을 깨달았다. 거의 모든 기업들의 경우 손익 계산서에서 가장 지출이 많은 부분이 바로 영업과 마케팅이다. 자본이나 지출 경비가 부족한 상황에서 해결해야 하는 과제는 영업과 마케팅에 투자한 돈을 이용해 더 큰 효과를 얻을 수 있는 방법을 고민하는 것이다. 고객이 업계 동료들에게 적극적으로 소문을 퍼뜨려준다면 영업주기가 반으로 단축되고, 신규 고객을 끌어들이기 위한 영업 및 마케팅 비용도 이와 비례해 줄어들 것이다. 최고의 고객들을 끌어들여 여러분 회사의 제품을 판매하고 이들이 고객 자문위원으로 활약할 수 있는 공식 과정을 도입하기 위해 노력하는 것은 여러분이 당장 취할 수 있는 중요한 조치이며 여기에 소요되는 비용은 무시해도 좋을 정도로 미미한 수준일 것이다. 고객 자문위원회를 구성하는 자세한 방법은 4부에서 설명한다.

자신들은 이미 영향력 있는 고객 원칙을 실행하고 있다고 생각하는 기업도 많겠지만, 7대 원칙 점수표와 워크숍 결과를 보면 여러분의 회사를 비롯한 대부분의 기업들에게는 고객과의 관계를 활용해 얻을 수 있는 중요한 이점이 아직 많이 남아 있다는 것을 알게 될 것이다. 여러분 회사의 최고 고객들은 자진해서 여러분 회사의 제품을 판매해주고 있는가?

다음과 같은 질문에 대해 곰곰이 생각해보면 영향력 있는 고객을 통해 얻을 수 있는 놀라운 가치를 더욱 높일 수 있다.

● 여러분 회사의 최고 고객들을 영향력 있는 고객으로 발전시키는 일이 순조롭게 진행되고 있는가? 자신의 회사를 위해 일반 고객을 영향력 있는 고객으로 바꾸려면 무엇이 필요한지 완벽하게 이해하고 있는가?

● 영향력 있는 고객의 시각을 통해 성장을 촉진하기 위해, 새로운 제품과 서비스 출시를 가속화할 혁신 계획을 가다듬고 있는가?

● 회사에서 단순히 물건을 구입하는 것뿐만 아니라 다른 잠재 고객들에게 대신 제품을 판매하고, 영업주기를 반으로 단축하며, 영업과 마케팅에 소요되는 비용을 크게 절감시키는 최고의 고객들을 어떻게 활용하고 있는가? 이들의 선의에 보답하기 위해 어떤 조치를 취하고 있는가?

‖ 원칙 4 : 제휴 관계의 기업들을 활용해 새로운 시장에 진입한다 ‖

영향력 있는 고객을 이용하는 방안을 보완해주는 것이 바로 제휴 관계를 이용해 새로운 시장에 진출하는 것이다. 이 제휴 관계는 규모가 큰 기업, 즉 형 기업이 규모가 작은 동생 기업이 시장에서 신뢰를 얻도록 도와주고 시장 정보를 제공하며 영향력 있는 고객을 소개하는 등의 방법으로 대기업이 중소기업을 도와주는 관계다. 이것은 쌍방향 관계라 할 수 있다. 형 기업도 혁신의 첨단에 머무르기 위해서는 동생 기업이 필요하다. 형 역할을 하는 파트너 사와 인터뷰를 하는 동안, 이 관계를 통해 파트너들끼리의 윈-윈이 가능하다는 것을 이해하는 것이 정식 계약을 체결하는 것보다 더 오래가고 중요하다는 사실을 깨달았다. 놀라운 사실은 동생 기업이 적당한 형 기업을 찾기에 어려움을 겪는 것만큼이나 형 기업도 적당한 동생 기업을 찾는 데 비슷한 어려움을 겪는다는 것이다.

특히 경기가 안 좋을 때는 대기업도 혼자 힘으로 모든 것을 만들어내기 어렵다. 이들에게도 포트폴리오에 중소기업을 통해 채워야 하는 부족한 부분이 있게 마련이다. 특색 있는 방법으로 포트폴리오의 부족한 부분을 메우는 과정에서 매우 가치 있고 활용도 높은 제휴 관계가 형성된다.

이처럼 제휴 파트너를 통해 포트폴리오의 부족한 부분을 채운 유명한 사례로는 마이크로소프트가 개인용 컴퓨터 운영 체제(현재의 윈도우)를 공급하기 위해 IBM과 제휴를 맺었던 사례가 있다. 오늘날 소비재 시장의 유명한 형 기업은 프록터 앤 갬블(Procter & Gamble. P&G)이다. 낸시 베일리 앤 어소시에이츠(Nancy Bailey & Associates)(ww.baileylicensing.com)는 P&G의 여동생 기업으로 미스터 클린(Mr. Clean)의 자루걸레와 빗자루, 스코프(Scope)의 휴대용 입냄새 제거제, 페브리즈(Febreze)의 진공청소기 먼지 봉지와 필터 등 P&G의 제품 포트폴리오에 있는 부족한 부분을 메워줄 중소기업들을 소개시켜주는 중매인 역할을 한다.

제휴 관계를 이용해 새로운 시장에 진입하는 것은 7대 원칙 점수표 평가에서 전체 총점이 가장 낮은 분야 가운데 하나다. 이것의 중요성을 높일 확실한 방법들이 있는데, 이 일의 중요성은 아무리 말해도 지나치지 않을 것이다. 4부에 원칙 4를 효과적으로 적용한 두 기업의 예가 자세히 소개되어 있다. 지금은 다음 질문에 답하면서 장기적인 파트너십을 맺을 만한 회사를 찾아 관계를 맺기 위해서는 어떻게 시작해야 할지 생각해보자.

- 형 기업과 동생 기업 사이의 규모가 매우 불균형하기 때문에 제휴 관계를 실현하는 것이 어려울 수도 있다. 여러분은 새로운 시장에 진입하기 위해 공급 제휴 및 유통 제휴 관계를 얼마나 잘 활용하고 있는가?
- 진정한 신뢰를 기반으로 한 제휴 기업을 찾아내 관계를 맺고 그것을 공고히 함으로써 장기적인 윈-윈 관계를 보장받기 위한 작업을 얼마나 잘하고 있는가?
- 적합한 제휴 기업을 찾는 데 애를 먹고 있다면, 영향력 있는 고객을 통해 중개를 받을 만한 기회가 있는가?

‖ 원칙 5 : 기하급수적 수익 성장의 대가가 된다 ‖

혁신 문제를 해결하기 위해 제품 개발이나 출시 관련 업무에 더 많은 자원을 투입하는 것은 상당히 흔한 경영 수법이다. 하지만 이 방식은 연구개발(R&D) 분야에 지나치게 많은 투자를 유도해, 결국 부채를 늘리면서까지 과잉 투자를 하는 지경에 처하게 된다.

하이테크 붐이 절정에 달했던 2000년 즈음에는 평소에 보기 드문 현상이 목격되었다. 기업들은 실제 수익을 내지 않고도 사업이 성공할 수 있다고 생각했고, 투자자들도—적어도 한창 들떠 있던 몇 달 동안은—여기에 동의하는 듯 보였다. 하지만 이런 현상은 그리 오래 지속되지 않았다.

적절한 사례가 여기 있다. 웹밴(Webvan)이라는 회사는 기업 공개를 한 지 겨우 18개월 만인 2001년에 파산 보호 신청을 하는 처지에 놓였다. 현금 보유액이 눈 깜짝할 사이에 고갈되는 바람에 생긴 일이다. 웹밴은 소비자들이 이제 일반 식품점 계산대 앞에 늘어서서 지루하게 기다리는 일을 그만두고 온라인 배달 서비스로 몰려들 것이라고 지나치게 낙관했다. 웹밴은 매우 훌륭한 서비스를 제공한다는 평가를 받았지만 회사를 유지할 만큼 충분한 고객을 끌어 모으지는 못했다. 웹밴이나 이와 비슷한 실패를 맛본 수많은 닷컴 기업들을 통해 얻을 수 있는 한 가지 교훈은 초기 투자비용이 수익을 상회할 정도로 과도한 투자를 하는 것은 결코 성장으로 향하는 길이 아니라는 것이다. 고객 수요가 계속 늘어날 것임을 암시하는 증거 사례가 부족한 경우에는 특히 주의해야 한다.*

나는 높은 매출 성장, 높은 투자 수익률, 지속적인 현금 흐름 증가라는 3가지 요소를 통해 주주 가치가 극대화된다는 사실을 알아냈다. 따라서 주주 가치를 최대한도까지 높이려면 투자 자본 수익률이 자본 비용을 크게 상회해야 한다. 이 3가지 요소 모두에서 꾸준한 성과를 내는 것이 실제적인 주주 수익의 토대다. 성장 기업들은 앞으로 몇 년을 내다보고 세운 계획을 실행하고 중요한 재무 성과나 고객 지수를 측정하며 조직이 놀라운 수익을 실현하도록 동기를 부여할 수 있는 프로세스를 만들어 실시한다.

가장 뛰어난 성과를 올리고 있는 블루 프린트 컴퍼니의 경우에는 주주 수익률이 더욱 중요하다. 4년 궤도를 그린 블루 프린트 컴퍼니들은 역동적으로 변하는 시장 상황 속에서도 평균 87퍼센트의 수익을 올려 당시 80퍼센트 정도의 수익을 올릴 것이라 내다봤던 애널리스트들의 예측을 뛰어넘었다. 이런 놀라운 수익을 올리기 위해 반드시 구글처럼 성장성 높은 우량주 회사가 될 필요는 없다. 라틴 아메리카와 남아메리카 지역에서 활동하는 유명 무선 통신업체인 넥스텔 인터내셔널의 경우, 주식 시장에서 구글만큼 주목을 끌지는 못했지만 2003년에 2억 3,500만 달러이던 시장 가치가 2010년에는 30억 달러 이상으로 증가했다.

기업들이 수익을 추구하는 것은 당연한 일처럼 보인다. 하지만

----

* 조애나 글래스너, "웹밴은 왜 낭떠러지에서 떨어졌나", 〈와이어드〉, 2001년 7월 10일, www.wired.com/techbiz/media/news/2001/07/45098.

꾸준히 성장하면서 그와 동시에 수익성까지 달성하는 기업은 소수에 불과하다. 2009년 말 현재, 매출이 1억~100억 달러 사이인 주식회사들 가운데 매출이 플러스 성장을 하고 현금 흐름도 흑자를 유지한 기업은 전체의 23퍼센트밖에 되지 않는다. 그렇다, 매출이 늘어난 성장 기업이라고 해서 모두 수익을 올리는 것은 아니다. 하지만 대가들은 매출도 늘어나고 플러스 수익과 현금 흐름도 달성하여 두 마리 토끼를 다 잡았다. 실제로 수익을 올리는 기업들의 비율이 이렇게 낮은 것은 이들의 성과가 독보적이라는 것을 증명한다.

그렇다면 성장을 이루고 현금 흐름이 플러스를 유지한 기업이 왜 23퍼센트밖에 안 되는 것일까? 경기 변동이 극심한 시기에는 경영진들도 양 극단을 오가게 된다. 경기가 좋을 때는 투자자와 경영진들이 낙관론을 피력하면서 R&D나 영업, 마케팅 분야에 과도한 투자를 해 결국 부채만 늘어나는 과잉 투자의 덫에 빠지곤 한다. 반면 경기 침체기에는 현금을 아끼기 위해 R&D와 영업·마케팅 투자를 줄이고, 힘든 시기에 회사를 지탱하기 위해 더 많은 차입 자본을 이용하게 된다. 그러다 보면 부채와 과잉투자-과소투자의 악순환이 생겨나고 이로 인해 긴축 재정 기간 동안 지나치게 많은 기업들이 실패를 겪게 되는 것이다.

미국에서 가장 높은 성장률을 기록한 기업들의 성공 패턴을 살펴보면 매출이 2,500만 달러쯤 되던 무렵부터 현금 흐름이 흑자를 유지하면서 매출 10억 달러를 달성할 때까지, 그리고 그 뒤로도 계속 수익성 높은 회사로 성장하는 것이다. 시스코, 구글, 마이크로소프트, 스테이플스, 그리고 여러 업계에서 활약하는 다른 많은 기업들이 이런 성장 패턴을 보인다.

고성장 기업이 활용하는 7대 원칙에 대한 연구를 시작하던 무렵, 사업 초반부터 수익을 창출하고 그 수익성을 계속 유지한다는 것은 놀라운 식견이 아니라 누구나 아는 상식처럼 여겨졌다. 내 기조연설 프레젠테이션에 참석한 여러 독자와 청중들도 이것이 직관적으로 깨달을 수 있는 상식이라고 생각했지만 실제 수치가 들려주는 이야기는 우리 생각과 다르다. 엄청난 액수의 장기 부채를 짊어지고 어떻게든 살아남으려고 애쓰는 기업들이 이렇게 많은 것을 보면 수익성이 담보된 꾸준한 성장을 달성하는 것이 얼마나 중요한 일인지 알 수 있다.

불경기가 닥쳐오면 진정한 성장 기업이 어떤 기업인지 확인할 수 있다. R&D와 영업, 마케팅 분야에 계속 재투자하면서도 수익성을 유지하는 기업이 진정한 성장 기업이다. 그러니 수익 사업을 성장시키는 것은 상식을 뛰어넘는 진정한 통찰력이 필요한 일이다.

오늘날 기하급수적 수익 성장의 대가가 되기 위해 기준으로 삼을 만한 것이 뭐가 있을까? 스탠더드 앤 푸어스가 제공하는 최신 툴을 이용하면 미국 최고의 성장 기업을 파악할 수 있다. 2010년 2분기 말을 기준으로 볼 때, 데커스 아웃도어와 텍사스 로드하우스

(Texas Roadhouse)(현재 매출이 10억 달러 이상인 기업들) 외에도 센텐 (Centene), 헬스스프링(HealthSpring), 플리어시스템(Flir Systems) 등 매출 10억 달러를 향해 달려가고 있는 기업들이 미국에서 가장 뛰어난 성과를 올리는 성장 기업의 성공 패턴을 대표하는 주자들이라고 할 수 있다. 여러모로 힘든 시기임에도 불구하고 이들은 계속해서 수익을 올리고 있으며, 흑자 현금 흐름과 높은 투자 수익률을 유지한다. 이것은 주주들에게 평균 이상의 수익을 안겨주는 데 필요한 기본적인 요소다.

> **결론** : 장기적인 부채는 거의 지지 않으면서 꾸준히 수익성을 유지하면 어떤 경제 상황에서나 성장할 수 있다.

여러분의 회사도 성공을 열망한다면 성장을 위한 수익성과 재투자에 매우 중요한 문제인 다음과 같은 질문을 스스로에게 던져보자.

- 여러분의 회사가 안고 있는 장기 부채가 지나치게 많은 경우, 결손을 흑자로 전환하는 일이 시급하기 때문에 그 문제에 집중하고 있는가?
- 여러분의 회사는 과잉 투자, 비용 절감, 수익성과 성장을 위한 재투자 사이의 조화 가운데 주로 어떤 경영 방식을 이용해 매상 총이익에서 수익을 달성하는가?

● 수익성과 성장을 위한 재투자를 서로 조화시키기 위한 의사 결정 과정이 얼마나 원활하게 진행되고 있는가?

‖ 원칙 6 : 내부-외부 리더십을 이용한다 ‖

진정한 리더는 한 명뿐이어야 한다는 우리의 평소 생각과 달리, 미국에서 가장 크게 성장한 기업들의 경우에는 두 명의 리더가 짝을 이뤄 활약하는 것이 일반적이다. 서로의 장단점을 보완할 수 있는 두 사람이 평범한 대기업을 매출 1억 달러 이상의 고성장 기업으로 키워내는 것이다. 시어스와 뢰벅, 로이 디즈니와 월트 디즈니, 휴렛과 패커드 등 두 명의 리더가 힘을 합쳐 활약하면서 업계의 전설로 자리 잡은 기업들이 많다. 애플의 경우에는 스티브 잡스가 회사 외부, 팀 쿡은 회사 내부 경영을 맡았다. 마이크로소프트, 시스코, 애플, 주니퍼 네트웍스, 나이키, 스타벅스, HCL 테크놀로지 외에도 수많은 기업들이 이런 내부-외부 리더십 패턴을 적용했다.

이러한 전략적인 리더십 짝짓기야말로 바로 다른 원칙을 동시에 실행할 수 있게 해주는 핵심적인 원칙이다. 리더 한 명(혹은 한 팀)은 회사 외부, 즉 시장과 고객, 동맹, 공동체 등으로 눈을 돌리고 다른 리더(혹은 팀)는 회사 내부에 집중해 운영을 최적화하는 것이다.

대개의 경우 COO(최고운영책임자)는 내부 운영에 집중하고 CEO(최고경영책임자)는 외부에 집중한다. 이들은 머리를 모아 신속한 결정을 내리고 실수가 있을 경우 단시간 내에 시정한다. 무엇보다 중요한 점은 이들이 서로를 진심으로 신뢰하고 존중한다는 것이다. 이들은 힘을 합쳐 모든 원칙을 동시에 실행에 옮긴다. 이런 훌륭한 팀은 제한된 자원을 가지고도 1 + 1 = 3의 기적을 만든다.

지수 성장 기업의 리더들은 자신의 장점과 약점을 잘 알고 있기 때문에 그런 스타일을 보완해줄 파트너를 찾는다. 회사 내부와 외부에서 각각 리더십을 발휘할 경영진을 보유하고 있는 기업은 많지만, 지수 성장 기업의 리더들은 자신의 스타일과 조화를 이룰 뜻 맞는 사람을 찾기 위해 보다 적극적으로 노력한다.

내부-외부를 담당하는 경영진이 서로 짝을 지어 일할 때의 차이를 보여주는 리더십 특징으로는 다음과 같은 것이 있다.

- 회사가 나아갈 방향과 우선순위에 대한 꾸준한 의사소통
- 특히 결정적인 순간에 드러나는 일관된 윤리 원칙과 가치관
- 문제 해결 기술
- 고객의 충족되지 않은 요구를 만족시키고자 하는 열정

엔도 제약을 10억 달러 규모로 성장시킨 두 명의 리더

엔도 제약은 최근 내부-외부 리더십을 이용해 매출 10억 달러 기업의 반열에 올라선 경우를 보여주는 훌륭한 사례다. 2008년에 매출이 10억 달러를 돌파한 엔도 제약은 통증 치료를 위한 새로운

약품과 치료법을 제공하는 유명 제약회사다.

미국인 가운데 20퍼센트 이상이 만성 통증에 시달리며 살아간다. 가족이나 지인 가운데 만성 통증을 겪는 사람이 반드시 한 명쯤은 있을 정도다. 엔도 제약은 심한 통증에 시달리는 이들의 삶의 질을 높여주었다.

캐럴 아몬이 회장 겸 CEO를 맡고 마리안 맥도널드가 회사 운영을 총괄하는 부사장 직을 맡았던 회사 설립 초기에, 이 둘을 아는 사람은 모두 두 사람이 정말 놀라운 한 쌍이라고 생각했다. 이들이 이렇게 강력한 힘을 발휘할 수 있었던 것은 "방에 들어오기 전에 자신의 자존심을 억눌러라"라는 모토를 강조하는 우정이 그 바탕에 깔려 있었기 때문이다. 캐럴 아몬과 마리안 맥도널드는 20대 때 듀폰(Dupont) 사에서 근무하면서 처음 만나게 되었다. 아몬은 연구 부서에서 일했고 맥도널드는 신제품 개발부 소속이었다. 아몬이 부서를 옮길 때마다 맥도널드도 뒤이어 같은 부서로 옮겨오곤 했다. 마치 두 사람이 계속 같은 징검돌을 밟으며 나아가는 듯한 모습이었다. 그리고 이렇게 경력을 쌓는 동안 둘은 매우 친한 친구가 되었다.

친구 사이에서도 자주 깨닫는 일이지만 사람은 자기와 반대되는 성격에 이끌리게 마련이다. 두 사람은 서로 상대방을 보완하는 장점과 약점을 가지고 있었고, 이것이 바로 오래도록 지속되는 역동적인 관계의 토대가 되었다. 이런 관계를 맺고 있는 2인조에게 물어보면 거의 대부분이 자신은 상대방과 함께 일할 때 최고의 결과를 낳는다고 말한다. 그들이 자신들의 독특한 관계와 팀워크 방식에 대해 들려준 이야기 가운데 가장 중요한 부분을 여기에 공개한다.

캐럴 아몬 : 사람은 누구나 장점과 약점을 지니고 있게 마련입니다. 여러분의 약점을 자신의 장점으로 보완하는 이와 완벽하게 조화를 이루는 한 쌍이 될 수 있다면 두 사람이 힘을 합쳐 놀라운 제3의 일을 해낼 수 있습니다. 우리는 이것이 다리가 3개인 의자와 비슷한 경우라고 생각합니다.

마리안 맥도널드 : 우리는 자기 자존심만 내세운 적이 한 번도 없습니다. 캐럴은 "이건 내가 잘 모르는 문제인데, 좀 도와줄 수 있겠어요?"라고 말하는 것을 결코 두려워하지 않습니다. 우리는 진정한 친구고, 여러분에게도 이런 친구가 있다면 두 사람 사이에 극복할 수 없는 장애물이란 없을 것입니다. 우리는 서로에게 매우 솔직합니다. 그러니 문제가 생겨도 서로 솔직하게 대화를 나눌 수 있죠. 물론 사업을 할 때 일이 늘 이런 식으로 진행되는 것은 아닙니다. 하지만 상대방에게 위협을 느낀 적은 없어요. 사무실에 들어가 상대방에게 고함을 지르다가도 곧 포용을 하고 다시 한 팀이 되어 방을 나서죠. 지금은 비록 사업 파트너가 되어 일하지만 우정을 잃은 적은 한 번도 없습니다. 서로가 없었다면 이런 일을 결코 해내지 못

했을 겁니다.

〈USA 투데이*USA Today*〉 머니 섹션 편집자인 델 존스는 회사를 설립하는 여성 사업가는 많지만 그 회사를 10억 달러 규모로 키우는 여성은 극히 적은 이유에 대해 표제 기사로 다룬 적이 있다. 2009년에 그는 그 기사 때문에 내게 전화를 걸었는데, 나는 엔도 제약을 운영하는 이 두 사람이 지난 3년 동안 회사를 설립해 10억 달러 규모로 키운 유일한 2인조 경영진이라는 사실을 깨닫고 깜짝 놀랐다. 이들이 지닌 가치관과 기술, 우정은 회사의 규모나 소속된 업계, 리더십 문화, 기질 등을 초월해 상호 보완의 힘을 보여주는 놀라운 사례다. 두 사람은 이제 은퇴했지만 새로운 팀이 회사를 이끌면서 엔도 제약은 다음 목표를 향해 나아가고 있다.

이런 내부-외부 리더십은 최고 경영진에게만 적용되는 것이 아니라 회사 내 모든 직무 부서의 관리자 누구에게나 적용된다. 3부에 나오는 HCL 테크놀로지의 블루 프린트 이야기도 직무 부서 전체에 이런 독특한 리더십 체계를 받아들인 기업 조직의 좋은 예다.

다음과 같은 3가지 질문에 대해 곰곰이 생각해보고 여러분의 팀이나 잠재적인 파트너에게 적용해야 한다.

● 여러분이 회사를 경영하거나 중간 관리직에 있는 사람이라면, 자신의 재능을 보완해줄 수 있는 다른 사람과 팀을 이뤄 일하고

있는가? 만약 그렇지 않다면 믿을 수 있는 파트너와 함께 여러분의 역할을 명확히 정의해본 적은 있는가?

● 회사 내부의 운영뿐만 아니라 고객을 대하는 일까지 직접 처리하는 만물박사의 역할을 하고 있다면, 내부 또는 외부 가운데 한 쪽에만 집중하고 다른 쪽 일은 믿을 수 있는 사람에게 맡길 경우 지금보다 높은 성과를 올릴 수 있는가?

● 여러분 회사의 조직 체계나 경영 목표, 인센티브는 내부–외부를 담당하는 2인조 경영진 체제를 얼마나 잘 활용하고 있는가? 예를 들어, 내부 담당 경영자와 외부 담당 경영자가 동일한 목표와 동기를 공유하는 것이 생산적인 방법이라고 생각하는가?

‖ 원칙 7 : 이사회에 고객, 파트너, 성장 전문 CEO 등 원칙 전문가들을 고루 배치한다 ‖

　미국에서 지수 성장을 기록한 기업의 이사회 구성은 다른 기업들과 다를까? 그렇다. 이런 기업의 이사회는 우리가 보통 생각하는 것처럼 투자자들로만 채워져 있지 않다. 오히려 투자자와 최고 경영진, 고객, 동맹 파트너, 고도성장 기업의 CEO 등이 조화롭게 자리를 채운다. 나는 전형에서 벗어난 이런 이사회 구성원들을 가리켜 ‘원칙 전문가’ 라고 부르는데, 이들의 역할이 다른 6가지 원칙의 구체화 및 실행과 관련이 있기 때문이다.

톰 스템버그는 스테이플스의 CEO로 재직하는 동안 원칙 전문가들로 구성된 이사회를 조직하는 훌륭한 사례를 보여주었다. 현재 하이랜드 캐피탈(Highland Capital)의 경영진으로 일하고 있는 그는, 펫스마트와 기하급수적인 매출 성장 및 수익을 달성한 요가용 운동복 생산업체 룰루레몬 애슬레티카(Lululemon Athletica)의 이사회에도 참여해 '블루 프린트' CEO의 소임을 다하고 있다.

스템버그의 경력이 고성장 기업의 이사회 조직을 반영한다면, 경영에 어려움을 겪는 기업의 이사회에는 어떤 사람이 자리를 차지하고 있을까? 이런 회사의 이사회는 주로 투자자와 경영진들이 지배하고 있다!

대부분의 투자자와 경영진들은 회사를 매출 10억 달러 규모로 키우지 못할뿐더러 고객의 관점을 반영하지도 못한다. 투자자들이 지배하는 이사회의 주요 관심사는 이들이 투자한 돈으로 재무적인 성과를 올리는 데만 초점을 맞추곤 한다. 경영진·투자자가 주도하는 이사회는 회사가 급격한 성장을 이루는 데 기여하는 여러 전문가들의 모임이라기보다는 그저 '중요한' 경영진 모임이 되기 십상이다.

스템버그의 방법이 고성장 기업에서 일반적인 것이라면, 이런 회사의 이사회에는 꽤 많은 수의 고객과 투자자들이 포함되어 있으리라고 가정할 수 있다. 생각해보면 이는 당연한 일이다!

● 성장 속도가 가장 빠른 기업의 60퍼센트는 동맹 파트너를 이사

회에 참석시키고 30퍼센트는 고객까지 참여한다.

- 지수 성장을 이룬 회사의 이사회 명단에서는 다른 회사들에 흔히 보이는 유명 투자자들의 이름을 찾아볼 수 없다. 같은 투자회사의 이름은 자주 보이지만 파트너까지 같은 경우는 거의 없다.

- 놀랍게도 다른 고성장 기업의 CEO들 이름을 몇 번이나 발견할 수 있었다. 이런 CEO가 작은 회사의 이사회에 참석하는 데 동의한 것은 그가 이 회사의 놀라운 아이디어를 간파하고 경영진의 잠재력을 믿기 때문이다.

- 대체적으로 이사회 구성이 상당히 조화롭다. 평균 이사 수는 9명이며 고객과 동맹 파트너, 공동체, 다른 대기업 CEO가 투자자 및 경영진과 균형을 이루고 있다.

> **결론 :** 이사회 구성은 원칙 실행 여부를 그대로 반영한다. 경영진과 투자자가 CEO, 고객, 동맹 파트너, 공동체 구성원 등 회사 외부의 사람들과 조화를 이루는 것이 중요하다.

2008년에 언스트앤영 성장 포럼에 참석해 공개 토론회를 진행했을 때, 레이먼드 제임스 파이낸셜(Raymond James Financial Inc.)의 회장 겸 CEO인 톰 제임스와 함께 이런 문제에 대해 논의할 기회가 있었다. 제임스는 금융 서비스 분야에서 올해의 기업가로 선정되었다. 1962년에 설립되어 1983년에 주식회사로 전환한 레이먼드 제임스는 투자 및 재무 설계를 중심으로 기관 투자자 판매, 투자 은행, 자산 관리, 일반 은행 업무까지 처리하는 다각적인 금융 서비스 지주 회사다. 이 회사가 관리하는 고객 총 자산은 약 2,360억 달러 정도다. 1985년에 8,500만 달러였던 매출이 2009년 말에는 26억 달러로 증가해, 23년 동안 연평균 17퍼센트의 복합 성장률을 달성했다.

제임스는 미국에서 가장 높은 성장을 기록한 기업들이 지닌 통찰력을 그대로 보여주었다.

"이사회는 기업 경영에서 매우 중요한 본질적 요소가 될 수 있습니다. 이사회는 도전적인 경영 방식에 두려움을 품어서는 안 됩니다. CEO나 리더인 여러분이 확신을 갖지 못한다면 성장 기업을 제대로 운영하는 데 어려움을 겪게 될 것입니다. 남의 말에 귀 기울이면서 자신의 아이디어를 옹호하는 것도 중요하지만 때로는 경험 많은 이사회 구성원의 아이디어가 여러분의 아이디어보다 훨씬 낫다는 사실도 알게 될 것입니다. 이사들과의 사이가 돈독하면 자문이 필요할 때 언제든 전화를 걸 수 있고 이들은 회사에 커다란 가치를 안겨줄 수 있습니다. 여러분의 생각에 이의를 제기하는 뛰어난 이사회를 구성하는 것은 회사를 위해 전략을 수립하고 훌륭한 리더·경영자가 되기 위해 할 수 있는 가장 중요한 일 가운데 하나입니다."

제임스는 1983년에 주식을 공개하기 전부터 다른 중개 회사를 운영하는 CEO를 비롯해 다양한 분야의 CEO를 이사로 채용하는 방법을 이용했다. 그는 이런 CEO 이사들에게 "당신을 이사회에 앉힌 이유는 당신이 이미 저지른 실수를 우리가 피할 수 있기 때문"이라고 농담조로 말하곤 했다. 하지만 사실 이 농담에는 그의 진심이 담겨 있었다!

레이먼드 제임스 파이낸셜은 프로그레스 에너지 플로리다(Progress Energy Florida)의 은퇴한 전 사장 겸 CEO인 H. 윌리엄 하버메이어 주니어, 걸프 파워(Gulf Power)의 CEO인 수잔 스토리, 스위트베이 슈퍼마켓(Sweetbay Supermarket)의 전 CEO이자 마이클스 스토어(Michaels Stores, Inc.) COO인 셸리 G. 브로더, 잭슨 내셔널 생명보험(Jackson National Life Insurance Company)의 은퇴한 전 사장 겸 CEO인 로버트 P. 살츠만, 나스닥 및 푸르덴셜 증권(Prudential Securities)의 전 사장인 닉 시먼스 등 수많은 CEO를 이사로 영입했다.

중소기업의 경우는 어떨까? 개인적인 사례를 들자면 나는 캐나다 워털루(Waterloo)에 있는, 아직 매출도 올리지 못하는 프라이멀 퓨전(Primal Fusion)이라는 회사의 이사로 재직하면서 성장 자문 역할을 맡고 있다. 프라이멀 퓨전은 생각 네트워킹이라는 새로운 온라인 활동 분야를 개척하는 데 주력하고 있다. 소셜 네트워킹과 마찬가지로 생각 네트워킹도 온라인 세상에서 자신을 디지털적으로 표현할 수 있는 방법을 제공한다. 다만 자신의 신원을 드러내는 소셜 네트워크와 달리 생각 네트워크는 자신의 생각과 아이디어만 표현한다.

블랙베리의 제작사로 유명한 리서치 인 모션(Research in Motion)의 초기 투자자이자 현재 이사로 활동 중인 짐 에스틸도 이 회사의 투자 이사다. 수십억 달러 규모의 회사를 이끄는 CEO인 그는 선도 투자자 역할도 겸하고 있다. 이 회사가 매출을 올리기 시작하면 고객, 동맹 파트너, 공동체 구성원, 학자 등도 이사회에 영입해 조화를 이루도록 할 예정이다.

이런 이사회는 그 회사만의 독특한 장점을 안겨주는 경우가 많지만, 우리가 기억해둘 만한 유효성이 검증된 규칙도 분명 존재한다. 여러분 자신과 회사의 최고 경영진들에게 이런 질문을 던져보자.

- 고객, 동맹 파트너, 여러분 회사보다 규모가 큰 성장 기업을 이끌어본 경험이 있는 최고 경영진(CEO 등)의 전략적 조언을 구하고 이를 회사 전략과 통합하는 일을 얼마나 잘 해내고 있는가? 이들이 여러분 회사의 이사회에 가입하고 싶은 마음이 들도록 어떤 노력을 기울이는가?
- 현재 여러분의 회사의 이사회(정식 이사회든 가상 이사회든)가 투자자와 경영진들로만 구성되어 있다면, 그들에게 성장 원칙을 가르치기 위해 어떤 일을 하는가?
- 경기 침체기가 닥칠 때면 신선한 경험과 관점, 연줄을 보유한 새

로운 이사를 영입해 이사회의 분위기를 일신하는가?

이 질문에 제대로 답하지 못하는 이들의 경우, 7대 원칙은 지극히 당연한 얘기처럼 들리기는 하지만 그래도 미국에서 가장 큰 성장을 이룬 기업들 덕분에 이 모든 원칙의 목적과 방식이 남다르게 규정되었다는 확신을 심어줄 수 있으리라고 생각된다. 이제 여러분의 회사가 높은 성장을 달성하기 위해 필요한 행동을 밝혀내려면 어떤 통찰력을 갖춰야 하는지 알아볼 차례다.

긍정적인 피드백 시스템으로서
7대 원칙 적용

비범한 성장을 이룬 기업의 리더들은 자기 회사를 하나의 거대한 시스템으로 여기며 자기가 다루는 모든 업무를 일종의 생태계처럼 생각한다. 이 시스템이 제공하는 렌즈를 통해 성장을 바라보는 것이다.

7대 원칙은 단순한 전략이 아니다. 이 원칙을 서로 연결시키면 복합 성장을 달성할 수 있는 영향력을 만들어내기 위해 접근하는 하나의 시스템이 된다. 복합적이거나 기하급수적인 매출 및 수익 성장을 이루려면 회사 내에 긍정적인 피드백 루프가 만들어져야 한다. 예를 들어, 해마다 거래량이 늘어나는 고객은 회사의 매출 성장에 기여하는 주된 흐름이다. 내가 시스템 엔지니어로 일하던 당시를 생각해보면, 긍정적인 피드백 루프를 생성하는 것은 영향력을 만들어내기 위한 기본적인 시스템적 접근 방법이다(그림 6 참조). 긍정적인 피드백을 통해 효과적이고 긍정적인 피드백 루프가 생성되고 이것이 다시 보다 건설적인 피드백을 불러온다. 전기 계통에서 일정하게 나타나는 효과가 사람의 행동에서도 그대로 드러나는 것이다. 7대 원칙을 연결하는 고리가 더 많고 튼튼할수록 긍정적인 피드백 루프의 효과가 커지고 결국 그 영향력도 강해진다. 영향력은 성장 기업이 한정된 자원을 가지고 복합 성장과 복합 수익을 달성할 수 있게 해주는 중요한 요소다.

지금쯤 여러분은 회사를 성장 시스템으로 변형시키기 위해서는 7대 원칙을 한꺼번에 전부 실행해야만 하는지 궁금할 것이다. 답은 그렇다, 이다. 자동차 엔진을 떠올려보면 도움이 될 것이다. 자동차가 잘 달리려면 먼저 각 실린더에서 기본 스파크가 점화되어야 하고 그런 뒤 액셀러레이터를 밟으면 속도가 붙으면서 곧 폭

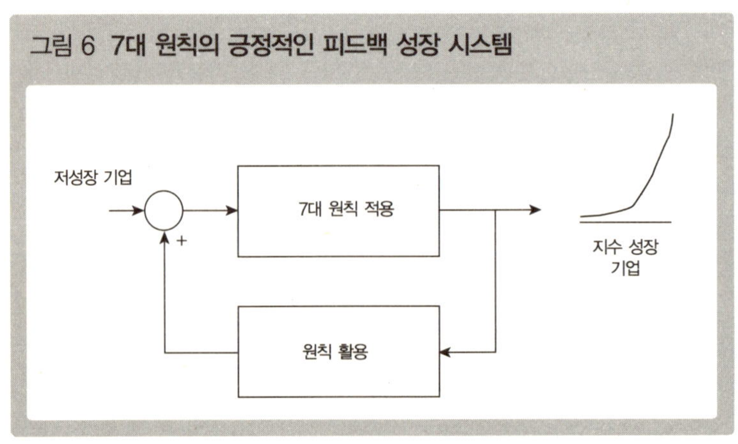

그림 6 7대 원칙의 긍정적인 피드백 성장 시스템

자료 출처 : 블루 프린트 분석

7대 원칙 채점표

여러분의 성과를 이 색다른 기준에 적용해 정량화하는 작업을 돕기 위해, 회사의 성과를 측정할 수 있는 사용하기 편리하고 신뢰도 높은 7대 원칙 채점표를 개발했다. 7대 원칙 채점표는 온라인에서 제공되는 신뢰할 수 있는 도구로서 7대 원칙을 기준으로 여러분의 팀과 회사가 올린 성과를 측정할 수 있다(채점표를 이용하는 방법은 www.blueprintgrowth.com과 이 책 마지막 부분에 나와 있다).

온라인 채점표에는 각 원칙과 관련된 7가지 제시문이 나와 있는데, 사용자는 이 제시문을 이용해 점수를 매길 수 있다. 각 제시문에 대한 점수를 평균으로 내면 원칙별 점수가 나온다. 전체적인 점수가 1~2점대라면 부진한 편이고 3점이 평균이며 4~5점은 평균 이상이다. 여러분의 목표는 7대 원칙 가운데 5가지 이상에서 평균 이상의 성과를 올리는 것이다. 7대 원칙 채점표를 이용하면 원칙과 실제 성과 사이에 얼마나 차이가 있는지 신속하게 파악할 수 있다.

저성장 또는 비성장 기업과 지수 성장 기업을 구분 짓는 특징은, 성장 기업은 7대 원칙 가운데 최소 5가지 이상을 꾸준히 실행한다는 것이다. 미국에서 가장 놀라운 성장을 이룬 기업들이 이 원칙을 실행하여 평균 또는 평균 이상의 성과를 올린 방식을 지속적으로 증명해주는 사례는 많이 있다.

발적인 속력을 내게 된다.

적은 자원을 이용해 더 많은 일을 할 수 있는 비결은 '영향력'이다. 7대 원칙을 모두 실행하는 것도 회사가 성장하기 위한 전략이지만 여기에 숨겨져 있는 보다 강력한 국면은 7대 원칙끼리 상호작용을 일으켜 만들어내는 커다란 영향력이다.

좀 더 명확하게 설명하자면, 여기서 말하는 영향력이란 7대 원칙을 한꺼번에 실행해 한 가지 원칙이 다른 원칙을 확실하게 보강하도록 하는 것이다. 이것은 요즘 같은 불경기에 고생하는 회사들이 많이 사용하는 재무 레버리지만을 의미하는 것이 아니라 경영의 기본 원칙을 활용하라는 얘기다.

원칙을 서로 연결하면 한 원칙과 관련된 행동이 다른 원칙의 효과를 보강하거나 확장해서 평균적인 성장과 비범한 성장 사이의 차이를 만들어낸다. 원칙끼리의 상호작용을 통해 영향력이 생겨나는 모습을 보여주는 두 가지 사례를 살펴보자.

❶ 영향력 있는 고객(원칙 3)이 회사의 가치 제안(원칙 1)에 대한 피드백을 제공한다

예컨대 영향력 있는 고객이 디자인 팀과 만나 제품 개선안에 대해 토의하거나(원칙 1) 다른 고객에게 제품을 홍보할 경우(원칙 3), 이런 영향력 있는 고객과의 관계를 이용하면 디자인 주기가 단축되고 제품 가치와 마진이 상승하며(원칙 5) 판매 주기가 짧아져 매출이 가속화된다. 이 책 뒷부분에서 자세히 소개하겠지만, 타이어 공기압을 확인하는 무선 모니터링 시스템 공급업체인 어드밴티지 프레셔프로(Advantage PressurePro)의 경우 공급업체 동맹 파트너가 회사에 새로운 혁신의 기회를 안겨주었고 대규모 수송 차량을 보유한 고객사들은 다른 고객에게 소문을 퍼뜨렸다.

❷ 동맹 파트너(원칙 4)가 신규 시장 진입을 도와주고(원칙 2) 신제품 아이디어도 제안한다(원칙 1)

이 장의 뒷부분에서 소개할 에뮬렉스(Emulex)의 사례를 보면, 짐 맥클루니가 에뮬렉스에서 벌어진 7대 원칙의 상호 작용에 대한 이야기를 들려준다. 그는 회사 R&D 팀과 동맹 파트너를 연결시키고 동생 역할을 하는 동맹 기업들을 이용해 신제품 출시를 가속화했으며 에뮬렉스에 필요한 새로운 아이디어를 제공받기 위해 형 역할을 하는 동맹들과의 관계를 변화시키기도 했다.

어드밴티지 프레셔프로는 미 연방 정부를 신규 시장으로 진출하기 위한 디딤돌로 이용해 운송 업계 내에서 새로운 시장을 개척했다.

영향력을 만들어낼 수 있는 기회는 이 외에도 많다. 성장 기업을 이끈 경험이 있는 CEO를 이사회에 영입한 뒤(원칙 7) 그의 능력을 활용해 회사 비즈니스 모델을 다듬는(원칙 5) 것도 한 방법이다. 예컨대 성장을 위한 투자를 통해 전체적인 수지 균형을 맞추는 방법을 검토하는 것이다. 또 다른 예로 영향력 있는 고객을 활용해(원칙 3) 형 역할을 해줄 제휴 파트너를 찾아서 관계를 맺는 방법도 있다. 제휴 파트너들이 중요한 고객의 눈으로 비즈니스 사례나 형-동생 제휴의 뛰어난 장점을 이해할 수 있다면, 좀 더 진지한 태도로 토론에 임하게 될 것이다.

개중에는 비범한 성장을 이룬 기업들이 단지 운이 좋았을 뿐이라고 생각하는 이들도 있다. 적절한 시기에 적절한 위치에 있었기 때문에 그런 성공을 거두게 되었다는 얘기다. 물론 어느 정도는 운도 영향을 미쳤겠지만 그것은 별로 크지 않다. 성공한 리더들의 대부분은 행운은 성공의 주된 추진력이 아니라고 말한다.

1996년에 설립된 주니퍼 네트웍스는 정보기술 및 네트워킹 분야에서 세계적으로 손꼽히는 다국적 기업 가운데 하나로, 매출이 35억 달러를 넘어섰다. 주니퍼의 제품은 세계 각지의 거대 네트워크에서 널리 사용되고 있으며, 이 회사는 고성능 네트워킹 분야의 선두 주자이기도 하다. 2009년에는 회사 설립 이후 처음으로 〈포춘 Fortune〉지가 선정한 일하기 좋은 100대 기업에 선정되기도 했다.

나는 이 회사의 회장인 스콧 크리언스, 그리고 부회장 겸 공동 설립자인 프라딥 신두와 인터뷰를 하면서 회사의 이런 놀라운 성장에 운이 얼마나 많은 영향을 미쳤다고 생각하는지 물어보았다. 이 문제에 대한 크리언스의 시각을 살펴보자.

"비범한 성장을 이룬 몇 안 되는 기업 가운데 하나가 되기 위해 필요한 것들을 모두 생각해보면, 이것을 단순히 행운이라고 말하는 것은 너무 부족한 표현입니다. 모든 기업이 자신들만의 렌즈를 통해 새로운 아이디어를 바라보면서 좋은 아이디어라고 생각한다고 가정해보겠습니다. 이런 아이디어에는 진정한 사업으로 성장할 수 있는 가치와 토대도 포함되어 있지만 그 대부분은 바라는 결과를 낳지 못합니다. 행운은 좋은 아이디어를 가지고만 있는 것과 그것을 이용해 좋은 결과를 얻는 것의 차이를 만들어냅니다. 주니퍼의 경우, 우리가 2년 뒤에 회사를 시작해 인터넷 붐이 다 끝난 뒤에 시장에 진출했다면 높이 날아오르기 위한 탈출 속도에 도달하지 못해 결국 작은 무대에서 작은 문제들을 처리하는 데 그치고 말았을 것입니다. 반대로 만약 더 일찍 회사를 설립했다면 아무리 지금과 같은 팀이 똑같은 업무를 처리한다 하더라도 성장에 필요한 폭발적인 수요를 얻지 못했을 것입니다. 그러므로 행운은 분명 존재합니다. 하지만 지나고 나서 깨달은 일이지만, 적절한 타이밍으로 얻은 기회를 잘 활용하려면 이런 적절한 타이밍과 먼 장래를 내다볼 수 있는 선견지명이 결합되어야 한다는 사실을 알게 되었습니다."

프라딥 신두는 뛰어난 과학자다. 유명한 제록스(Xerox)의 팔로알토 연구센터에서 수석 연구원으로 일하던 그는 1995년에 휴가를 떠났다가 당시 빠르게 발전하고 있던 인터넷을 지원할 고성능 라우터를 개발하기 위한 대략적인 아이디어를 안고 돌아왔다. 그는 실리콘밸리에 있는 사무실에서 나와 인터뷰하면서 이 결정적인 순간에 대해 자세히 이야기해주었다.

"지금도 1995년 10월의 그날이 뚜렷이 기억납니다. 종이 도면을 완성한 뒤에 갑자기 새로운 통찰을 얻었습니다. 그 간략한 설계도는 시대를 5년이나 앞선 것이었습니다. 이런 고성능 네트워킹 장비를 만들 수 있고 또 시장도 충분히 크다면 많은 사람이 저와 비슷한 통찰을 얻을 수 있음을 깨달았습니다. 그러니 지금 당장 행동을 취해야 한다는 생각이 확 들더군요. 이런 문제를 제때 떠올릴 수 있었던 것은 행운이었다고 생각합니다. 그 이후로는 올바른 증거 사례만 있으면 '적절한 타이밍'이 언제인지 미리 파악하는 것도 가능하다는 사실을 깨달았습니다.

여기서 중요한 사실은 그때 제가 취한 행동과 그로 인한 주니퍼 네트웍스의 이후 활동들 덕분에 차이가 생겨났다는 것입니다. 시간을 되돌려 1995년으로 돌아가서 당시 우리가 내렸거나 내리지 않은 중요한 결정을 살펴보면, 제 아이디어보다 회사가 겪은 여러 가지 굴곡이 성공적인 결과를 판가름하는 데 훨씬 중요했다는 사실을 알 수 있습니다. 성공에 행운이 중요한 역할을 한다고 믿는 사람이 많은 이유는, 우리가 내려야 했던 수많은 결정 가운데 상당수가 우리에게 유리한 방향으로 작용했기 때문입니다. 사실 그것 하나만 봐도 많은 행운이 깃들었음을 알 수 있습니다.”

여러분이 이 책을 계속 읽는 동안 등장하는 수많은 리더와 CEO들에게서도 스콧 크리언스와 프라딥 신두의 통찰력을 발견할 수 있다. 이들에게 지금이 바로 적기이고, 혁신은 시대를 앞서가야만 가능하며, 현재의 제품을 보강해 더 나은 제품을 만들 수 있다고 알려준 것은 바로 이들이 품고 있던 핵심적인 신념이었다. 이런 것은 모두 새로 설립된 회사가 장기적인 비전을 확립하고 롤러코스터 같은 성장 과정을 거쳐 비범한 성장을 이루도록 이끌어줄 수많은 결정을 내리는 데 필요한 중요한 요소들이다.

나는 7대 원칙과 블루 프린트는 리더들이 수천 가지 결정을 내리는 동안 잘못된 선택보다는 올바른 선택을 훨씬 많이 할 수 있게 해주는 하나의 틀이라고 생각한다. 여러분의 성공 확률을 높여줄 올바른 선택을 도와주는 블루 프린트도 있다.

기회는 장기적인 기회에 미리 대비하는 이들에게 찾아온다. 이런 기회를 이용하기 위한 조치를 취하는 데는 수천 가지 결정이 필요하다. 계속해서 올바른 결정을 내리기 위해서는 행운이라는 기본적인 힘이 뒷받침되어야 한다고 믿는 사람이 많지만 나는 본질적으로 무작위적인 행운보다는 기술이 더 많이 작용한다고 생각한다. 다시 말해 우리가 따라야 할 블루 프린트가 있다는 얘기다.

‖ 7대 원칙을 적용한 에뮬렉스 ‖

2008년 초에 나는 동료이자 오랜 친구인 밥 새들러와 함께 데이터센터를 위한 네트워킹 솔루션을 전문으로 하는 기술 회사인 에뮬렉스 사를 위해 7대 원칙 워크숍을 진행했다. 에뮬렉스의 CEO인 짐 맥클루니는 자기 회사를 "지금은 정체 상태에 빠져 있지만 새로운 시장을 개척하기만 하면 얼마든지 성장할 잠재력을 지닌 회사"라고 설명했다. 회사의 성장 딜레마에 대해 자세히 얘기하는 동안 맥클루니는 이런 말을 했다.

"에뮬렉스는 매출이 거의 5억 달러 가까이 되는 상태에서 성장이 멈췄지만 계속적으로 통합이 이루어지고 있는 네트워킹 시장에서 10억 달러 기업으로 성장할 잠재력을 갖추고 있습니다. 우리는 고객들이 스토리지, 서버, 네트워크를 지능적으로 연결시킬 수 있는 다양한 기업용 제품을 제공하지만 현재 성장 속도가 매우 느립니다. 비록 현재 이 업계에서 가장 수익성 높은 회사이기는 하지만 우리는 미래에 대비해 통합 네트워크 같은 새로운 시장을 개척하기 위해 혁신을 꾀하고 신기술을 활용하는 과정에 착수했습니다. 성장 격차를 메워 다시 한 번 1990년대 말과 같은 성장을 이루려면 집중하는 영역을 바꿔야 한다는 사실도 잘 압니다."

그 이후에 맥클루니가 취한 여러 가지 행동들은 7대 원칙 워크숍을 진행하는 동안 경험한 결정적인 순간에서 우러난 것들이다. 이 회사 경영진들은 매우 신중한 태도로 7대 원칙 채점표를 작성했고, 우리는 이들의 답변을 통해 에뮬렉스 경영진들이 한 가지 부분에 있어 서로 의견이 다르다는 사실을 발견했다. 그것은 "우리 회사의 성장을 촉진할 신제품"의 중요성에 대해 어떻게 생각하느냐 하는 것이었다. 게다가 이들은 신제품의 정의에 대해서도 각자 생각들이 달랐다. 덕분에 워크숍 도중에 테니스 경기 같은 열띤 논쟁이 벌어졌다! 한쪽에서는 핵심 사업을 강화하는 것이 곧 신제품이라고 주장했고, 다른 한쪽에서는 신제품은 새로운 시장을 위해 남겨둬야 한다고 맞섰다.

나는 "짐, 당신들이 염원하는 성장은 새로운 시장 분야를 보완할 신제품을 이용해 에뮬렉스의 성장을 촉진하는 것입니까, 아니면 기존 제품을 확장한 신제품으로 핵심 사업을 강화하는 것입니까? 어느 쪽이 진짜 성장 목표입니까?"라고 물었다. 맥클루니는 이렇게 대답했다. "회사 성장을 가속화하기 위해서라도 새로운 시장 분야에 맞는 신제품을 출시해야 합니다. 우리 회사의 핵심 사업과 관련된 신제품은 사내에서 따로 강화 제품이라고 부르도록 하겠습니다."

결국 '신제품'은 회사를 핵심 사업 분야 이상으로 성장시킬 수 있는 제품을 가리키고 '강화 제품'은 핵심 사업을 확장하는 제품을 일컫는 것으로 다시 정의되었다. 경영진들은 이런 설명에 따라 에뮬렉스의 R&D 프로그램을 재분류하기 위한 작업에 착수했다.

신제품과 강화 제품을 통해 성장을 촉진해야 한다는 인식을 공유하고 앞으로 몇 년 동안 2억 달러 이상의 매출 격차를 메워야 한다는 사실을 확인한 에뮬렉스는 핵심 사업 분야와 관련된 A계획과 성장을 위해 매출 격차를 메우는 데 필요한 B계획을 세웠다. B안(B는 10억 달러(billion)를 의미하는 B다)은 에뮬렉스를 점진적으로 성장시켜 빠른 시일 안에 매출 10억 달러를 달성할 수 있는 신규 사업 분야를 만드는 것으로 정해졌다. 에뮬렉스는 곧 B안을 '10억 달러 달성을 위한 업무 혁신'을 뜻하는 I2B 프로세스로 받아들였다. 맥클루니는 에뮬렉스의 계획을 우리에게 알려주었다.

밥 새들러는 다음과 같은 말을 통해 에뮬렉스의 혁신 프로세스에 대한 특별한 통찰력을 안겨주었다.

"B계획은 활주로에 가만히 앉아 이륙을 기다리려는 것이 아닙니다. 가장 빠른 속도로 성장한 기업들이 그랬듯이 에뮬렉스도 수없이 많은 훌륭한 아이디어에 열중하고 있습니다. 제품 개발은 수많은 프로젝트가 빼곡히 들어찬 '온상' 같은 것입니다.

현재 개발 중인 프로젝트를 모두 파악하는 데만도 시간이 며칠씩 걸립니다. 경영진들이 생각한 것보다 두 배나 많은 프로젝트가 진행 중이라는 사실이 밝혀지자 회의실 전체가 깜짝 놀랐습니다.

결국 비슷한 프로젝트를 통합해 실제로 12개의 프로젝트만 남기는

"성장에 불을 붙이기 위한 첫 번째 단계는 '거울을 들여다보면서' 가혹할 정도로 정직해지는 것입니다. 우리는 내부 혁신을 이루는 데 실패했습니다. '혁신자의 딜레마'도 약간 남아 있었죠. 성장 자금을 마련하기 위해 매우 힘든 결정을 내려야 했습니다. 연간 R&D 예산을 10퍼센트 삭감해 이를 혁신 자금, 즉 새로운 시장을 위한 신제품 개발비로 비축해 두었습니다. 워크숍에서 바로 B계획이라고 불렀던 것이죠. 이 계획을 실행에 옮긴 것이 작년의 일인데, 사실 그 전까지 R&D 부서를 합리화하고 우선순위를 높여놓은 상태였기 때문에 상당히 어려운 과정이었습니다. 핵심 사업 팀의 입장에서는 적은 자원을 가지고 더 많은 일을 해내야 하는 힘든 변화였죠. 우리는 뛰어난 실적을 올려 현금 흐름을 흑자로 유지해주는 팀을 설득해, B계획에 필요한 자금을 마련하기 위해 적은 자원으로 더 많은 일을 해달라고 부탁해야 했습니다.

그런 뒤 '매출 10억 달러 달성을 위한 업무 혁신'을 뜻하는 I2B에 착수했는데, 이 프로세스는 네 단계로 구성되어 있습니다.

1. 혁신적인 아이디어를 제공하는 혁신 실무 그룹 구성

지금은 엔지니어링 담당자, 마케팅 담당자, 경영진들과 함께 아이디어 개발 및 혁신 회의를 정기적으로 열고 있습니다. 이 회의에서는 어떤 아이디어도 기각되지 않기 때문에 매번 기이한 아이디어가 몇 개씩은 나올 것이라고들 예상합니다. 우리 회사의 정보 기술 시스템을 이용해 아이디어를 보관하는 저장소를 만들어 모든 아이디어를 분류 및 추적할 수 있게 해놓았습니다. 그리고 갖가지 아이디어를 내놓는 사내 팀들을 코치하고 아이디어를 검증하기 위한 하위 팀도 구성했습니다. 매달 한 번씩 경영진, 엔지니어, 영업 담당자들을 모아놓고 '신규 사업 기회 검토' 회의를 열어 우리에게 주어진 모든 기회를 검토하고 우선순위를 정합니다. 지금까지 이 과정을 통해 두 번의 중요한 성장 기회를 찾아냈습니다.

2. 아이디어 도출에서 견본 제작으로

핵심 사업 부문에서 절약한 R&D 비용을 이용해 새로운 기회에 자금을 조달하는 사내 벤처 팀을 만들었습니다. 맨 처음으로 자금을 댄 두 가지 프로젝트는 우리 고객들이 최신 서버를 위한 새로운 아키텍처의 토대를 형성하는 통합 네트워크와 새로운 기술 플랫폼을 사용할 수 있게 해주는 뛰어난 소프트웨어 및 서비스 개발 프로젝트였습니다. 우리 회사는 이 새로운 플랫폼을 시장에 선보이는 최초의 회사가 될 가능성이 있습니다.

3. 비즈니스 모델 및 시장 진출 모델 개발

우리는 모든 기회에 집중하기 위해 규모가 작은 I2B 창립 사업부와 팀을 구성했습니다. 이들은 외부 파트너와의 연합을 비롯해 에뮬렉스를 위한 최고의 비즈니스 모델을 개발하는 일에 모든 노력을 집중했습니다. 우리 힘만 가지고 필요한 것을 모두 고안하는 일은 불가능하다는 판단을 내리는 것은 참으로 힘든 결정이었습니다. 그렇게 하려면 대개의 경우 시간이 너무 오래 걸렸죠. 이런 깨달음 덕분에 기업 문화가 크게 바뀌었고 결국 밖으로 시선을 돌려 파트너를 찾게 되었습니다. 파트너를 찾고자 하는 이런 새로운 시도가 눈에 띄는 성장 기회를 얻을 수 있는 발판을 마련해주었습니다. 일례로 에뮬렉스는 오랫동안 세계적인 수준의 실리콘을 생산한 경험이 있는 서버 엔진(Server Engines)이라는 작은 회사와 제휴를 맺었습니다. 두 회사가 힘을 합친 덕분에 세계에서 가장 규모가 큰 서버 생산업체와 중요한 계약을 체결하게 되었습니다. 이는 시장에 도와주는 동료가 없어도 훌륭한 역량을 발휘하는 1+1=3 동맹의 좋은 예입니다.

4. 놀라운 성장 달성을 위한 7대 원칙 활용

7대 원칙 채점표를 우리 회사에 맞게 수정해 새로운 비즈니스 이니셔티브를 진행할 때마다 그에 맞는 원칙을 대입하는 과정을 거쳤습니다. 바로 얼마 전에는 한 직원이 저를 찾아와 이렇게 말하더군요. "7대 원칙과 관련해 제가 직접 점수를 매겨보는 채점표가 있는데 우리가 꽤 잘해나가고 있는 것 같습니다." 아무래도 7대 원칙을 적용하는 과정이 우리의 기업 문화 속으로 서서히 확산되기 시작한 듯합니다."

데 합의했습니다. 또 모두가 사용할 수 있는 결정 기준과 프로젝트 템플릿을 개발했습니다. 그리고 각 프로젝트 리더에게 경영진 앞에서 자기가 맡은 프로젝트를 홍보해달라고 부탁했습니다. 홍보 프레젠테이션이 끝난 뒤, 경영진은 두 개의 축을 기준으로 각 프로젝트의 순위를 매겼습니다. 첫 번째 축은 '에뮬렉스가 얻을 수 있는 가치'이고 두 번째 축은 '실행 용이성'이었습니다.

이런 축들을 기준으로 프로젝트 등급을 매기자 B계획을 추진하기에 가장 알맞은 프로젝트 4가지가 무엇인지 분명하게 밝혀졌습니다. 에뮬렉스에서 제품 개발에 관여하는 모든 이들도 그 프로젝트가 선정된 이유를 이해했습니다. B안을 신속하게 추진하는 데 필요한 합의와 협력을 얻기 위해서는 이런 투명성이 중요했습니다.

에뮬렉스는 한 번에 한 가지 제품만 발전시키던 회사에서 스스로의 미래를 설계하는 회사로 탈바꿈했습니다. 이들은 6개월마다 한 번씩 제품 개발 프로세스를 반복하기로 합의했습니다. 이미 개발 중인 제품의 가치에 비추어 새로운 아이디어의 가치를 지속적으로 분석하기 위한 계획도 세웠는데, 우리는 이를 가리켜 '매출 10억 달러 달성을 위한 업무 혁신 프로세스'라고 부릅니다. 이것은 매우 간단한 방법입니다. 거의 상식이라고 할 수 있죠. 하지만 일상적인 투쟁

이 한창일 때는 상식과 단순함이 간과되기 쉽습니다."

최근 캘리포니아 주 코스타 메사에 있는 맥클루니의 사무실에서 그를 만나 사후 점검의 시간을 가질 수 있었다. 그는 원칙의 하위 집합을 집중적으로 살펴보는 동안 7대 원칙이 서로 연결되어 하나의 시스템을 이루고 있음을 알게 되었다고 말했다. 그는 이렇게 설명했다.

"7대 원칙은 훌륭한 틀을 제공합니다. 각 원칙은 개별적으로도 이치에 닿지만 그것이 하나의 시스템으로 어떻게 공조하는지 깨닫자 원칙 실행을 구체화하는 데 도움이 되었습니다.
이 원칙은 우리처럼 변화를 시작하려는 회사 앞에 놓인 엄청난 기회를 가리킵니다. 7대 원칙은 에뮬렉스의 모든 직원들에게 우리가 무엇을 위해 노력하는지 보여주고, 실행 가능한 목표를 설정할 수 있는 최우선적인 원칙과 시각적인 증거를 제공해줍니다. 또 우리의 현재 위치를 뛰어넘어 다른 고성장 시장을 볼 수 있게 해주고, 혁신을 찾아내야 하는 분야에 대한 시각을 바꿔주며, 경영 조직을 재편하고 내부-외부 리더십을 실행할 수 있게 도와줍니다. 이제는 원칙 시스템을 구축하는 것이 앞으로도 절대 멈출 수 없는 지속적인 과정이라는 사실을 깨닫고 그 실행에 집중하고 있습니다."

에뮬렉스는 신임 CEO가 어떻게 7대 원칙을 적용해 회사의 성장 역량을 강화했는지 보여주는 좋은 사례다. 지난 한 해 동안에는 에뮬렉스의 성장 변화를 통해 들려오는 긍정적인 피드백이 매우 고무적이었다. 맥클루니는 고객과 동맹 파트너가 에뮬렉스의 새로운 성장을 바라보며 공통된 감상을 피력하는 데 기뻐했다. 1년 사이에 얼마나 큰 차이가 생겼는지 보라. 에뮬렉스와 형 역할을 하는 동맹 파트너—IBM, HP, EMC, 시스코, 썬마이크로시스템즈(Sun MicroSystems)—나 영향력 있는 고객들과의 관계는 단순한 고객과 공급업체의 관계에서 전략적 파트너의 위치로 바뀌었다. 이 말은 곧 파트너와 고객이 에뮬렉스를 자신들의 성공에 좀 더 중요한 존재로 여기면서 에뮬렉스에서 얻고 싶은 것에 대한 새로운 아이디어를 맥클루니와 그의 팀에게 전달하게 되었다는 뜻이다.

새로운 사업을 성장시키면서 그와 동시에 핵심 사업 분야를 최적화하는 것은 내부-외부 리더십의 도입이 필요한 힘겨운 변화였다. 에뮬렉스 경영진과 나는 에뮬렉스의 7대 원칙 채점표를 평가해 맥클루니에게 사내 운영을 맡아줄 최고 경영진이 필요하다는 사실을 밝혀냈다. 그로부터 얼마 지나지 않아 맥클루니는 COO 역할을 해줄 내부 경영진을 찾는 작업을 시작했다. 그리고 자기가 존경하는 IBM의 전 임원이 현재 새로운 직장을 구하고 있다는 소식을 개인적인 인맥을 통해 전해 듣고는 마침내 적임자를 찾아냈다.

몇 달에 걸쳐 기술 및 시장 기회뿐만 아니라 경영 스타일과 가치관까지 철저히 검토한 끝에 사내 경영을 담당하는 COO로 제프 벤크가 에뮬렉스에 합류하게 되었다. 벤크는 사업 운영을 믿고 맡길 수 있는 파트너이기 때문에 맥클루니의 인내심은 충분한 보상을 받았다. 그리고 벤크 덕분에 그는 고객이나 동맹 파트너, 투자자들과 더 많은 시간을 보낼 수 있게 되었다.

"결론적으로 에뮬렉스는 두 자리 매출 성장을 유지하는 회사가 되었습니다."

열정적인 맥클루니는 환한 미소를 띠며 이렇게 말했다.

성장을 가로막는 장애물을 제거하는 방법

하루 24시간으로는 해야 할 일 목록에서 가장 중요한 일을 완수하기에도 모자란다는 생각이 들 때가 있는가? 상황이 어렵고 갖가지 문제가 생길 때는 이런저런 일을 처리할 시간이 더더욱 부족해진다. 자기가 나아갈 길을 깨끗이 정리하는 것은 곳곳에서 급커브를 만나고 머리 위에서 떨어지는 낙석에 주의해야 하는 산길을 운전하는 일과 비슷하다. 커다란 암석이 떨어져 길을 가로막고 있으면 그것을 치우는 수밖에 없다. 여러 회사의 경영진들과 함께 일하고 조언을 해주는 동안 대부분의 회사가 (1) 낮은 매출 성장, (2) 플러스 현금 흐름 부족, (3) 성장을 위한 재투자 불가능이라는 3가지 큰 부분에서 공통적으로 어려움을 겪는다는 사실을 깨달았다.

여러분의 회사도 이런 어려움을 한 가지 이상 겪고 있다면 이

는 성장가도에서 오도 가도 못하고 정체 상태에 빠졌다는 징후일
수 있다. 아루바 네트워크(Aruba Network)의 사례는 비유를 이용해
성장으로 향하는 길에 가로놓인 장애물을 제거하기 위한 경영진들
의 노력을 이끈 기업의 모습을 생생하게 보여준다.

‖ 아루바 네트워크가 장애물을 극복한 방법 ‖

한 기업이 시장을 지배하고 있을 때 그 시장에 새롭게 진입한
회사는 1인자보다 더 나은 2인자가 되는 수밖에 없다. 신생 기업이
기존 기업과 맞서 이기려면 그보다 뛰어난 혁신을 이루고 더 빨리
움직여야 한다.

아루바 네트워크는 불경기가 한창이던 2002년에 설립된 회사
다. 이 회사의 사명은 무선 기술에 대한 중소기업과 대기업의 새로
운 요구를 충족시키는 것이었다. 전문직 종사자들이 이동 중에 업
무를 보는 사례가 증가하면서 보다 안전한 음성 및 데이터 전송을
위한 기업용 무선 네트워크가 필요하게 되었다. 2003년에 아루바
네트워크는 회사 설립 후 처음 만든 제품을 100만 달러(매출) 규모
로 선적하기 시작했다. 그리고 마이크로소프트, SAP, 아메리칸 익
스프레스(American Express), 미 공군 등을 고객으로 보유하게 되면서
2009년에는 매출이 2억 달러 가까이로 늘어났다. 이는 진작부터
통신 장비 업계를 주도하고 있던 두 대기업인 시스코 및 모토로라

116

와 경쟁하면서 이룬 성과다. 아루바 네트워크는 2008년에 모토로라를 제치고 시스코에 이어 업계 2위 자리로 올라섰다.

나는 2009년 말에 아루바 네트워크의 사장 겸 CEO인 도미니크 오르를 만나 시장을 선점하고 있던 두 대기업보다 더 빠르게 성장할 수 있었던 비결, 특히 성장이 어려운 시기에 그런 성과를 올린 비결을 물었다. 사려 깊고 경험이 풍부한 리더인 오르는 자신의 식견과 비유를 기꺼이 들려주었는데 나중에 생각해보면 정말 단순한 듯 보이지만 그 실행 방식에서는 상당한 통찰력과 현명함이 드러났다. 아루바 네트워크의 성장 궤도와 관련한 그의 식견에서 가장 중요한 부분을 살펴보자.

"경쟁사보다 규모가 작은 회사가 경쟁을 시작하려면 무엇보다 집중력과 속도에서 승부를 봐야 합니다. 실리콘밸리에서 일하는 사람들 중에는 창의적인 사람이 정말 많기 때문에 우리의 과제는 독창성을 발휘하는 것이 아니라 어떻게 업무에 집중하느냐 하는 것이었습니다. 아루바 네트워크 사람들은 고객의 피드백을 우리 재능과 창의성에 초점을 맞추기 위한 렌즈로 이용했습니다.

경쟁사보다 빨리 성장하려면 그 거대한 경쟁사에는 제품 혁신을 믿고 맡길 수 있는 똑똑하고 창의적인 인재가 우리보다 많다고 가정해야 합니다. 기존 기업과 맞설 수 있는 중소기업만의 장점은 속도입니다. 속도에는 두 가지 형태가 있습니다.

1. 매출이 0에서 5천만 달러로 늘어날 때는 엄청난 속도로 성장해야
   합니다. 최대한 빠른 시간 안에 우리 회사를 지지하는 고객 공동
   체와 시장 추진력을 만들고 그 규모를 키워야 합니다.

2. 매출 5천만 달러를 달성한 뒤에는 속도의 정의를 '신중한' 속도
   로 바꿔야 합니다. 이는 경주 트랙을 달리던 자동차가 커브에 가
   까워질 때의 모습과 비슷합니다. 운전자는 커브를 무사통과할 수
   있는 지점과 차를 가속해야 하는 타이밍을 생각하면서 속도를 줄
   여야 합니다. 마찬가지로 우리 사업의 현 단계에서는 고객과 함
   께 성장해야 하기 때문에 신중하게 속도를 조절하는 것이 필요합
   니다. 실리콘밸리에서는 '하느님이 세상을 창조하는 데 7일이나
   걸린 것은 기존에 설치된 기반이 없었기 때문'이라는 농담들을
   합니다. 여러분의 회사가 성장하는 동안 새로운 잠재고객의 요구
   에 적극적으로 대응하는 동시에 기존 사용자층이 요구하는 원만
   한 성장 경로를 제공할 수 있도록 신경 써야 합니다.

'폭발적인' 속도를 '신중한' 속도로 바꾸는 것은 일상생활에서도
늘 일어나는 일입니다. 예를 한번 들어보겠습니다. 가끔 회의에 늦
는 경우가 있을 것입니다. 이런 상황에 처하면 보통 다른 사람들에
게 미리 전화를 걸어 좀 늦겠다고 알리면서 고속도로에서는 계속
액셀러레이터를 밟아 속도를 높이게 됩니다. 그러다가 문득 빠져나
가야 하는 출구를 이미 놓쳤고 16킬로미터나 더 가야 나오는 다음

출구에서 U턴을 해 돌아와야 한다는 사실을 깨닫게 됩니다. 지나치게 속력을 내는 바람에 많은 시간을 허비하게 된 셈입니다! 항상 빠른 속도로 전진하다 보면 신중한 속도로 움직이지 않는 바람에 생기는 여러 가지 결과물이 있게 마련입니다. 아루바 네트워크는 현재 함께 성장해가야 하는 기업 고객이 7천여 개나 되는데, 이들을 데리고 U턴을 하는 것은 도저히 불가능합니다."

과도한 속력 때문에 출구를 놓칠 수 있다는 오르의 비유는 정말 마음에 와 닿는다. 고속 진행에 따르는 축복과 저주는 여러분이 가고자 하는 목적지까지 제 시간에 데려다주기는 하지만 제대로 주의를 기울이지 않을 경우에는 가장 중요한 출구를 놓칠 수도 있다는 것을 알려준다. 더 빨리 가기 위해서는 속도를 늦춰야만 하는 경우도 있다.

성장을 위한 정신없는 질주와 근무일마다 영향을 미치는 무수한 상충 세력 속에서 빠른 속도를 유지하면서도 세부적인 부분까지 신경 쓸 수 있는 경영진의 비결은 무엇일까? 여러분의 관심이 가장 필요한 부분에 최우선순위를 두는 데 유용한 방법은 무엇일까? 정말 중요한 일들에 비해 부차적이거나 종속적인 문제를 어떻게 판단하는가?

‖ 자갈, 돌멩이, 돌덩이 ‖

오르는 우리가 이런 문제에 대한 답을 얻을 수 있도록, 아루바 네트워크를 경영하면서 늘 사용하는 신속하고 실용적인 몇 가지 조언을 해주었다.

"훌륭한 인재와 아이디어를 손에 넣고 나면 여러분이 관리해야 하는 자산이 두 가지 생깁니다. 바로 시간(자원)과 자본입니다. 경제 상황이 괜찮은 시장의 경우 자본은 쉽게 손에 넣을 수 있지만 시간은 한정된 요소입니다. 어쨌든 일주일은 7일밖에 안 되니 말입니다. 반대로 불경기에는 시간이 상대적으로 천천히 흐르지만 자본이 매우 귀해집니다.

우리는 비유를 이용해 한정된 자산을 관리했습니다. 시간과 자본을 고정된 단지로 여기고 온갖 종류와 크기의 문제를 자갈, 돌멩이, 돌덩이로 분류했습니다. 처음 시동을 걸 때는 속도에 주의합니다. 문제 해결과 관련해서는 파악해야 하는 문제보다 해결해야 하는 문제가 더 우선입니다. 폭발적인 속도로 모든 일을 처리하는 데 집중하는 것입니다. 하지만 매출이 5천만 달러를 넘어 이제 10억 달러 성장으로 관심이 옮겨갔다면 회사의 성장 역량을 극대화하기 위해 그 두 개의 단지를 소중하게 지켜야 합니다.

실제로 우리 회사의 간부 회의에 참석하는 이들은 모두 '자갈, 돌멩이, 돌덩이'가 상황을 명확하게 밝혀주는 간단한 장치라고 말합니

다. 먼저 돌덩이를 단지에 넣고 다음에는 돌멩이, 그리고 남은 공간
은 자갈로 채웁니다. (그림 7 참조) 회사 외부에서 분기마다 한 차례씩
개최하는 임원 회의에서는 중요한 돌덩이에 집중합니다. 예컨대 돌
덩이를 깨뜨려 돌멩이 단계로 만들겠다는 목적을 품은 채로 공급
사슬 체계를 업그레이드하는 데 알맞은 시기를 결정하는 것입니다.
그렇게 돌덩이를 하나 해결하면 그 다음에는 돌멩이로 넘어갑니다.
우리는 경험을 통해 단지에는 돌덩이를 4개까지만 넣을 수 있다는
법칙을 세워두고 있습니다. 그리고 직무에 상관없이 각 돌덩이 문
제를 해결하는 데 가장 알맞은 자원을 할당합니다."

오르는 2003~2007년 사이의 시장 성장기에 있었던 일에 대해
서도 이야기했다.

"아루바 네트워크는 계속해서 제품을 선적했습니다. 하지만 우리
회사의 공급 사슬 체계로는 성장 속도를 따라가기가 힘들었죠. 당
시에는 다들 '이런 호황기에는 계속 제품을 팔아야 한다!' 고 되뇌고
다녔습니다. 그래서 결국 공급 사슬을 교체해야 한다는 결정을 내
렸습니다. 2008년 가을에 공급 사슬 교체를 실행하기 위한 만반의
준비를 갖췄는데, 문득 겁이 났습니다. 우리는 자본도 자원도 빠듯
했거든요. 이 첨단기술 업계에서 놀라운 고성장을 이루기 위해서는
가장 중요한 자원과 자본을 신제품 개발과 영업에 할당해야 한다는

것이 제 평소 신념이었습니다. 그리고 충분한 IT(정보 기술) 인력과

기술, 그리고 IT 투자를 확보해야 한다는 과제도 안고 있었습니다.

그림 7 자갈, 돌멩이, 돌덩이

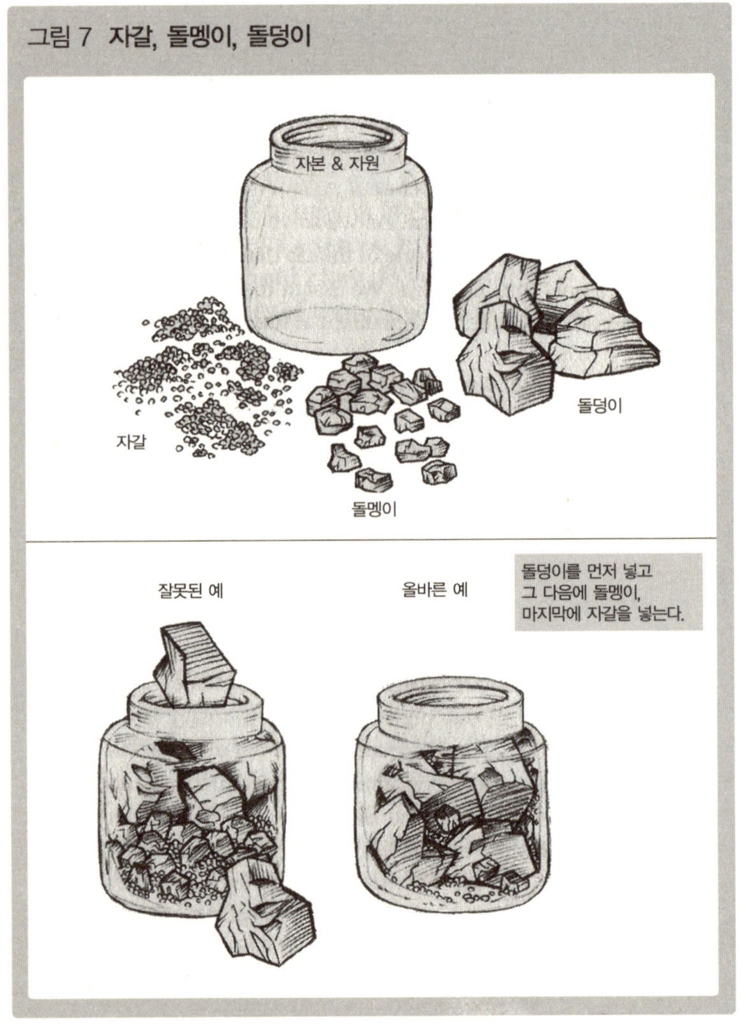

자료 출처 : 비주얼 잉크(Visual Ink)

이런 고민으로 시일이 지체되던 끝에 결국 신중한 속도로 문제에 접근하자는 결정이 내려졌습니다. 나는 최고 경영진과 이사회 임원들에게 '우리가 10억 달러 기업으로 성장할 수 있다는 믿음을 가지고 있는가?' 라고 물었습니다. 이에 확신이 있는 사람도 있고 그렇지 못한 사람도 있었습니다. 만약 확신이 있다면 지금은 다음 성장 주기를 위한 준비에 재투자하는 데 가장 적기입니다. 돌덩이를 부숴 돌멩이로 만들듯이 커다란 문제를 작은 문제로 쪼갤 때입니다."

‖ 성장 잠재력을 방해하는 대표적인 3가지 장애물 ‖

나는 야심만만한 성장 기업들에게 조언과 컨설팅을 하면서 수많은 시간을 보낸 끝에 성장을 방해하는 모든 문제가 낮은 매출 성장, 플러스 현금 흐름 부족, 신제품 및 인프라에 대한 재투자 부족이라는 3가지 문제를 중심으로 모여 있다는 사실을 깨닫게 되었다.

여러분의 앞길을 가로막은 장애물도 여기에 해당되는가? 이런 문제들을 하나씩 살펴보면서 이 돌덩이을 부숴 돌멩이나 자갈로 만들기 위해 여러분이 취할 수 있는 조치들에 대해 알아보자.

첫 번째 장애물 : 낮은 매출 성장

매출이 여러분의 기대만큼 늘어나지 않는다는 느낌이 드는가? 고객 1인당 기준으로 기하급수적인 매출 성장을 이루었는가? 만약 그렇지 않다면 고객 1인당 매출 성장 흐름을 제대로 활용하지 못하고 있는 것이다. 이와 관련된 3가지 증상과 그 증상을 해결하는 방법은 다음과 같다.

증상 : 여러분의 회사에 가장 중요한 기존 고객과 신규 고객들을 통한 매출 성장이 저조해 곤란을 겪고 있다.

해결책 : 고객 1인당 기준으로 매출이 전혀 상승하지 않는다면 이는 영업 팀의 활동이 부진하거나 '지갑' 점유율을 늘리기에 충분할 만큼 제품 라인을 확장하지 못했기 때문이다. 이베이와 언더아머는 회사의 가장 중요한 혁신과 프로세스를 활용해 시장을 넓히고자 노력했다. 이베이는 부동산이나 자동차 등 인접한 시장 분야로 사업을 다각화한 반면 언더아머는 다양한 고성능 스포츠웨어 분야로 사업을 확대했다. 언더아머는 자신들의 원래 제품 시장인 미식축구 유니폼 시장에 품질이 뛰어난 티셔츠를 공급하겠다는 간단한 계획에서부터 일을 시작했다. 두 회사 모두 시장 상황이 좋을 때든 나쁠 때든 가리지 않고 이 일을 계속했다.

성장을 위한 동력원이 되어줄 신규 고객이 부족하다면 이는 영업력 부진으로 인한 정체 상태에 빠진 것일 수도 있다. 고객에게 돌아갈 이익을 다시 정의하려면 최우수 고객들과 만나 이들이 우선적으로 요구하는 것이 무엇인지 알아내야 한다. 미들비 사의 회장 겸 CEO인 셀림 바소울에게서 얻은 교훈을 적용해보자. 경쟁사 고객과의 인터뷰를 통해 업계 동향을 파악하고 그 고객이 여러분 회사의 제품을 구입하지 않은 이유를 알아내는 것이다. 이들의 이야기를 귀기울여 듣고 여러분 회사 고객의 이론적인 설명과 경쟁사의 장점을 표현하는 언어, 다른 고객에게 제품을 홍보해줄 잠재적인 추천 능력 등을 이용한다.

또 동맹 관계에 있는 기업들을 이용해 새로운 시장과 새로운 고객들에게 접근한다. 혁신 투자를 이용해 제품 라인을 확대하거나 인수 합병을 통해 현 고객에 대한 지갑 점유율을 높이고 신규 시장에서 새로운 고객을 확보한다. 형 역할을 해주는 제휴 파트너에게 꼭 필요한 포트폴리오의 부족한 부분을 채워준다. 대기업은 자사 포트폴리오의 부족한 부분을 모두 채우거나 새로 부상하는 시장 분야에 운을 걸어볼 만큼 혁신을 이루는 것이 불가능하다. 경기가 어려울 때에는 그런 현상이 더욱 두드러진다. 대기업들이 이런 결함을 채워줄 수 있는 굉장한 가치를 제안하는 중소기업과 협력 관계를 맺는 데 적극적인 이유도 이 때문이다. 에뮬렉스처럼 중간 정도 크기의 회사라면 자기보다 규모가 작은 회사와의 동맹 관계를 이용해 포트폴리오의 부족한 부분을 메우는 것이 좋다.

증상 : 고객들이 여러분 회사에 필요한 충고를 해주지 않거나 회사 제품을 적극적으로 홍보해주지 않는다.

해결책 : 회사에 가장 중요한 고객들을 모아 고객 자문위원회를 구

성했는가? 내가 워크숍을 실시한 기업 가운데 절반 이상이 이런 간단한 위원회를 구성하지 않은 상태였는데, 이것은 여러분이 취할 수 있는 가장 중요한 조치 가운데 하나이며 비용도 별로 들지 않는다. 브로드컴(Broadcom)과 이베이가 고객 자문위원회를 이용해 고객의 검증을 받은 성장 로드맵을 만들고 고객의 목소리를 듣고, 회사가 제안하는 가치를 정의하고, 다른 고객에게 홍보까지 한 것처럼 여러분도 얼마든지 할 수 있다.

회사에 가장 중요한 고객 5명을 선별한 뒤 이들과 식사를 함께하면서 회사 성장에 도움이 되는 얘기를 들려달라고 부탁한다. 가격이 적절하면서도 독창적인 장소(호수가 내다보이는 가까운 리조트 같은)에서 외부 회의를 개최하고 이 자리에 고객을 초청해 솔직한 대화를 나눈다. 여성 요리사 자문위원회를 활용해 자사 오븐에서 빠진 기능을 찾고, 높이가 낮고 에너지 효율적인 제품을 만드는 방법을 알아낸 미들비의 사례를 따르자.

이 5명의 최우수 고객을 앞으로 1~2년 동안 회사 사절 겸 자문으로 임명하는 것도 한 방법이다. 그들을 영향력 있는 고객으로 전환시키는 것이다! 몇 명 안 되는 고객들로 시작한 이베이의 파워셀러(PowerSeller) 제도가 지금은 수십만 명의 팬 기반으로 자리 잡은 것처럼 말이다. 한 번의 회의가 매년 계속되는 효과적인 연차 총회로 탈바꿈할 수도 있다.

증상 : 리더가 혼자서 모든 일을 다 하려고 한다.

해결책 : 여러분의 회사는 경영진 두 명이 각기 내부와 외부를 맡아 이끌어가는 형태인가? 가장 눈부신 성장을 이룬 기업은 엔도 제약의 경영진이나 서너의 닐 패터슨과 클리프 일리그라는 유명한 2인조처럼 경영진 두 사람이 한 팀을 이뤄 이끈 기업이었다. 에뮬렉스의 CEO인 짐 맥클루니의 경우에는 채용 전문가 외에 개인적인 인맥까지 동원해 자신을 보완해줄 반쪽을 찾았다. 여러분도 그런 사람을 이미 알고 있거나 그와 함께 일하고 있을 가능성이 높다.

물론 이런 이니셔티브에서 드러나는 열의가 세상물정 모르는 순진한 얘기처럼 들릴 수도 있다. "그게 어디 말처럼 쉬워야지!"라고 투덜댈지도 모른다. 하지만 이런 방법은 경험을 통해 가능하다는 사실이 증명되었을 뿐만 아니라 경제가 저성장 단계로 접어드는 기나긴 복구의 기간인 지금, 성장 기업들이 이미 이용하고 있는 방법이기도 하다.

두 번째 장애물 : 플러스 현금 흐름 부족

요즘처럼 경제가 어려운 시기에 현금 흐름이 흑자를 유지하지 못한다면 매상 총이익이 압박을 받고 있거나 제품 및 서비스의 원가나 경비가 너무 높다는 뜻이다. 이 가운데 한두 가지, 혹은 세 가지 모두가 원인일 수 있다.

매상 총이익이 압박을 받는 상황이라면 여러분 회사의 매상 총이익을 동종 업계나 비슷한 업계에 종사하는 다른 기업의 이익과 어떻게 비교할 수 있을까? 총이익이 줄어든 경우 다음과 같은 증상 및 해결책이 가능하다.

증상 : 가격 인하로 인해 매상 총이익이 압박을 받는다.

해결책 : 고객들의 변화하는 요구에 부응하기 위해 회사가 제공하는 혜택을 재정립하고 있는가? 가격을 낮추기보다는 '가치 있는 제품을 판매'하는 것이 더 좋은 방법이다. 물론 말은 쉽지만 실천하는 것은 어려운 일이다. 영업사원 교육에 집중하고 영업 성공·실패의 원인 및 높은 이익을 남길 수 있는 영업 기회를 진단하여 가장 효과적인 혜택과 영업 기술이 무엇인지 파악한다.

증상 : 경쟁사에 비해 높은 제품 가격과 제공하는 가치에 문제가 있다.

해결책 : 제품 가격이 다른 회사에 비해 높은 경우에는 업무 최적화를 위해 인프라, 특히 시스템과 프로세스에 투자해야 한다. 합리적이고 효율적인 공급 사슬을 보유하고 있는가?

증상 : 영업 및 마케팅 비용과 연구개발(R&D) 비용이 많이 든다.

해결책 : 회사의 매상 총이익이 높아도 필요 이상으로 경비 지출이

많을 수 있다. 블루 프린트 컴퍼니들은 대부분 매출이 2,500만 달러 정도 될 때부터 현금 흐름이 흑자를 유지한다. 이들은 영업 및 마케팅 부문과 R&D 부문에 대한 지출을 관리해 시장 주기가 어떻든 상관없이 EBITDA(이자, 세금, 감가상각비, 할부 상환 이전의 기업 이익)를 꾸준히 10퍼센트 이상으로 유지한다. 고성장 기업들은 지출 관리를 중요시하므로 지출이 매상 총이익을 초과하는 일이 없다. 이들은 또 수입 목표를 달성하기 위한 계획도 세운다. 지출과 수입은 매년 달라지지만 실적이 뛰어난 고성장 기업들은 수익과 지출의 균형을 이루려는 전체적인 경향을 따르는 기업들이다. '장기적으로 볼 때' 과도한 지출은 결코 성공으로 향하는 길이 아니다.

증상 : 팀 실적이 들쭉날쭉하다.

해결책 : 경기가 하락하는 시기를 이용해 경영진을 업그레이드한다. 이 시기에 주로 이루어지는 다른 회사들의 인력 삭감 덕분에 여러분의 회사를 한 차원 더 성장시키는 데 도움이 될 훌륭한 인재를 채용할 수 있다.

결론 : 회사가 매출 S 곡선을 따라 태동 단계에서 변곡점으로, 그리고 매출 10억 달러 이상으로 계속 성장하는 동안 경영진 구성도 바뀌게 마련이다. 회사가 성장하는 동안 처음에는 창조적 혁신과 기업가 정신이 지배하던 경영진도 혁신과 회사의 조직적 성장에 필요한 과정 문화가 조화를 이룬 상태로 변하면서 다양한 기업 문화가 혼

재하게 된다. 내가 이런 개념을 처음 접하게 된 것은 《우승팀을 계
속 바꿔라*Always Change a Winning Team*》(www.human-insight.com)라는
책을 쓴 동료 피터 로버트슨을 통해서인데 대부분의 고객들에게서
이와 똑같은 현상을 발견했다.

세 번째 장애물 : 신제품과 인프라에 대한 재투자

경제 상황이 불확실한 동안에는 인프라에 계속 투자하기보다
원활한 현금 흐름 쪽을 택하는 기업들이 많다. 그런데 이것은 올바
른 선택일까? 이 두 가지의 적절한 혼합 비율을 어떻게 결정할 수
있을까? 다행히도 우리에게는 올바른 결정을 내리고 투자에 대한
적절한 수익을 올리도록 도와주는 7대 원칙이 있다. 다음과 같은
간단한 방정식을 생각해보자.

경영 기법(7대 원칙) + 신제품 및 인프라에 대한 재투자
= 지속적으로 성장 가능한 기업

여러분의 회사가 성장 궤도를 오르던 중에 정체기를 맞은 상태
라면, 이는 7대 원칙 가운데 한 가지 이상의 원칙에서 성과 격차가
나타나거나 다음번 시장 호황기에 대비해 입지를 다질 수 있도록
신제품과 인프라에 충분히 재투자하지 않았기 때문이다. 재투자
부족이나 기능 장애를 일으킨 혁신 프로세스 때문에 낡은 제품 라

인을 보유하고 있는 기업들을 종종 발견하곤 한다.

증상 : 노화된 제품 라인을 다루느라 복잡한 문제들이 발생한다.

해결책 : 호경기에 충분한 혁신을 이루지 않으면 낡은 제품 라인에서 그 증거가 드러난다. 늘 신선한 제품 구성을 유지하는 것이 중요하다. 경쟁사가 신제품이나 새로운 서비스를 제공할 경우 여러분은 시장 점유율을 빼앗길 뿐만 아니라 가격 인하 압박까지 받게 될 것이다. 이때는 설계와 테스트, 혁신 프로세스를 다시 설계해 혁신 속도를 높인다. 혁신 투자의 일부를 이용해 제품 라인을 확장, 강화하거나 완전히 새로운 제품이나 서비스 견본을 신속하게 만들어 고객들에게 테스트하면서 일찍부터 피드백을 얻는다. 현금이 부족한 경우에는 신제품에 필요한 자금을 어떻게 조달할까? 기본적으로는 신속한 실험을 통해 재투자를 하게 된다. 여기에서 중요한 점은 재투자에 대한 가치를 확인하는 것이다.

증상 : 노후 또는 수동 프로세스와 시스템이 문제다.

해결책 : 경제가 특히 어려운 시기에는 플러스 현금 흐름을 달성하거나 유지하기 위해 회사 전체의 경비를 절감하는 방안을 택하기 쉽다. 하지만 지수 성장을 달성한 기업의 리더들은 문제 해결을 위해 시스템적 접근법을 사용했다. 예를 들어 이들은 불경기가 닥쳐오면 업무를 최적화했다. 여기에는 프로세스 합리화, 일부 부서의

인력 감축, 비즈니스 공급 사슬, 고객 관리 시스템, 최신 시장 정보를 최적화하기 위한 시스템 및 IT 인프라 투자 등이 포함된다. 여러분의 회사를 하나의 시스템으로 생각하는 것이 취해야 할 조치를 결정하는 데 중요한 열쇠가 된다.

아루바 네트워크의 사례(자갈, 돌멩이, 돌덩이 이야기)를 통해 증명되었듯이, 가장 경쟁력이 뛰어나고 놀라운 성장을 이룬 기업들은 성장 속도가 느려지는 이 시기를 이용해 성장 계획을 재정립하고 필요한 도구를 정비한다. 최근의 경제 환경이 미치는 효과를 상쇄하기 위해 '신중한' 속도를 이용하는 것이다.

- 경제적으로 힘든 시기야말로 여러분의 회사를 경쟁사와 차별화할 수 있는 '진정한 성장 기회' 다.

- 7대 원칙은 경기에 상관없이 언제나 적용 가능하다. 각 원칙을 실행하는 대상과 방법은 시장 주기가 불경기, 회복기, 성장기 중 어디에 해당되느냐에 따라 달라진다.

- 시장과 제품 카테고리를 끊임없이 재정의해야 한다. 성장 기업에게 휴식이란 없다! 신규 고객에게 가장 큰 가치를 제공할 수 있는 것은 고객의 입장에서 표현된 장점이며 이것이 다시 높은 매출을 동반하는 성장의 토대를 이룬다.

- 기업 매출이 기하급수적으로 늘어나려면 '영향력 있는 고객 1인당 매출의 급속한 증가' 가 기본적인 추진력이 되어줘야 한다. 고객 수명주기 매출을 극대화하는 것은 고객의 1인당 매출을 기하급수적으로 늘리기 위한 기초 토대다.

- 내부–외부 리더십은 성장 기업들이 최고 경영진뿐만 아니라 조직 전체에서 응용하고 있는 훌륭한 리더십 스타일이다.

뜻밖의 조사 결과

- 기존 고객의 말에 귀 기울이는 것보다 경쟁사 고객의 눈을 통해 성장 기회를 바라보는 것이 더 중요할 수 있다.

- 무리하게 활동한 많은 기업들이 최근 보이는 경제 행위는 지수 성장을 이룬 기업들의 재무 실적이 얼마나 통찰력 있고 훌륭한지 새삼 강조해 준다. 고성장 기업은 일찍부터 현금 흐름을 흑자로 유지하면서 성장을 촉진하기 위한 재투자에 몰두한다. 이들은 많은 액수의 장기 부채를 지는 것을 피한다. 성장 달성을 위해 노력하는 성공한 임원들은 업무를 최적화하여 현금 흐름을 보존하고, 이 현금을 다음 성장주기를 위한 인프라와 혁신에 재투자하는 데 전념한다.

- 비범한 성장을 이룬 기업의 리더들은 자기 회사를 하나의 거대한 시스템으로 여기며 자기가 다루는 모든 업무를 일종의 생태계처럼 생각한다. 이들은 7대 원칙을 단순한 목록이 아니라 복합 성장을 달성하기 위한 시스템적 접근 방식이라고 간주한다. 복합적이거나 기하급수적인 매출 및 수익 성장을 이루려면 다른 부분에까지 영향력을 미칠 수 있는 긍정적인 피드백 루프가 만들어져야 한다. 두 가지 이상의 원칙을 서로 연결시키면 지렛대 효과가 생겨난다.

PART 3

7대 원칙 실행하기

난관에 빠진 기업과 놀라운 성장을 달성한 기업 사이의 차이점은 성장 기업은
'무엇을 하느냐' 와 '어떻게 하느냐' 가 훌륭하게 조화를 이루었다는 점이다.

글로벌
7대 원칙의 출현

2008년 초에 나는 SAP 아시아 퍼시픽(SAP Asia Pacific) 마케팅 담당 부사장인 로이드 애덤스의 후원을 받아 아시아 각 지역을 돌며 글로벌 기조연설과 워크숍 투어를 할 준비를 하고 있었다. 그는 내 연설을 듣게 될 다양한 국가와 문화권에서 모인 8천여 명의 임원들이 7대 원칙을 좀 더 생생하게 느낄 수 있게 해달라고 부탁했다. 글로벌 패턴을 파악하는 것은 지수 성장을 달성하기 위한 기본적인 경영 및 재무 패턴이 경기나 업계, 심지어 국가와 문화권의 영향도 받지 않는 보편적 패턴임을 보여주는 또 하나의 강력한 지표로 작용할 것이다.

지난 5년 사이에 새롭게 매출 10억 달러 기업으로 성장한 기업들에 대한 연구의 두 번째 단계에서는 실제로 글로벌 성장의 재무 지표로 사용할 수 있는 하나의 패턴이 드러났다. 전 세계적으로 해마다 평균 215개의 기업이 매출 10억 달러 선을 넘는다(전부 미국 달러화로 환산해서 계산). 나는 지난 2년 동안 수많은 미국 기업 임원들에게 강연하면서 새롭게 10억 달러 매출을 달성하는 기업이 가장 많은 나라는 어느 나라일 것 같은지 물어보았다. 미국이나 중국, 아니면 러시아? 대부분 중국이나 러시아일 것이라고 추측했지만 정답은 미국이고, 중국이 근소한 차이로 2위를 차지했다.

미국이 혁신의 리더십 지위를 다른 나라에 빼앗겼을 것이라고 생각하는 미국인들이 이렇게 많은 이유는 무엇일까? 지구상의 다른 어느 대륙보다 많은 10억 달러 기업을 배출하고 있는 곳이 바로 아시아이기 때문이다. 중국, 인도, 일본, 한국, 대만, 호주, 싱가포르 등 아시아·태평양 지역 국가들은 새로운 10억 달러 성장 기업을 배출하는 주요 원천이다.

스스로에게 물어보았다. 아시아·태평양 지역에서 7대 원칙을 모두 활용해 10억 달러 매출을 달성하면서 지수 성장을 이룬 새로운 기업 사례를 어디에서 찾을 수 있을까? 나는 전 세계적인 경기 불황 속에서도 성장을 달성하고 미국의 고성장 기업들과 같은 긍정적인 가치관과 기본 원칙을 구현한 회사를 찾았다.

그러던 중, 2008년 가을에 실리콘밸리의 SAP 연구소에서 7대 원칙에 관한 프레젠테이션과 토론을 진행하다가 HCL 테크놀로지 아메리카에서 일하는 아누바하브 삭세나를 우연히 만나게 되었다.

HCL 테크놀로지는 인도에서 설립되어 1999년에(주식 상장 이후)

글로벌 IT 아웃소싱 시장에 진출해 IT 서비스 업계의 글로벌 리더로 자리 잡은 회사로서, 2000년에 1억 1,800만 달러이던 매출이 2009년 말에는 21억 달러를 넘었다. HCL은 글로벌 대기업으로 변신하면서 전 세계에서 가장 유명한 IT 아웃소싱 기업 가운데 하나가 되었다. HCL은 〈비즈니스 위크〉가 뽑은 가장 영향력 있는 20대 기업 중 하나로 선정되어 구글, 월마트, 토요타 등과 어깨를 나란히 하게 되었다.

2008년 10월에 블루 프린트 프레젠테이션과 토론회에 참석했다가 크게 흥분한 삭세나는 프레젠테이션이 끝나자마자 근처 서점으로 달려가 《블루 프린트 컴퍼니》를 여러 권 구입해 다시 회장으로 돌아와서는 책에 내 사인을 받았다. 그리고 곧장 급송 택배를 이용해 이 책이 가득 담긴 상자를 인도의 HCL 본사로 부쳤다. 그가 이렇게 열광적인 반응을 보이는 배경에는 뭔가 개인적인 사연이 있을 것이라는 생각이 들었다.

그는 잔뜩 들뜬 말투로 자기가 이렇게 흥분한 이유를 털어놓았다.

"이 책이 출판된 2005년 7월에 선생님 작품에 대해 전혀 몰랐던 HCL 테크놀로지의 CEO 비니트 나야르가 독자적으로 '블루 프린트'라는 성장 이니셔티브를 시작했습니다. 그해부터 HCL 테크놀로지는 기하급수적인 매출 성장을 달성하기 위해 해마다 공식적으로 블루 프린트 성장 이니셔티브를 시행하고 있습니다. 우리는 서로 다른 언어를 사용하지만 7대 원칙의 기초 원리나 선생님의 블루 프린트는 본질적으로 우리 회사의 블루 프린트와 동일합니다." 삭세나는 거의 외치듯 말했다.

살다 보면 이렇게 불가사의한 일들이 벌어지곤 한다. 내 '블루 프린트'를 적용하든 아니면 HCL 테크놀로지의 '블루 프린트'를 적용하든 지수 성장을 이루기 위한 기초 원리는 동일하다는 것을 증명하기에 이보다 더 좋은 기회는 없을 것이다. 그 후 뉴델리의 사무실에서 일하는 나야르와 전화로 인터뷰를 할 기회가 생겼고, 2009년 6월에는 나야르와 함께 뉴욕 하버드 클럽에서 몇몇 지역 경영인들을 상대로 기업 성장에 대한 토론회를 진행하면서 그의 경영진들과 직접 인터뷰를 할 기회도 얻었다. 인터뷰를 하는 동안 내가 생각하는 7대 원칙을 자세히 설명하자 나야르도 HCL과 관련된 수많은 통찰력과 자기가 취한 여러 조치들에 대해 많은 이야기를 들려주었다.

미국에서 가장 놀라운 성장을 달성한 기업들의 성장 통찰력이 지구 반대편에서도 독자적으로 적용되고 있었다.

미국과 인도, 그리고 전 세계 기업들에게 공통적으로 적용되는 블루 프린트는 아무리 힘든 시기에도 기업은 성장할 수 있고, 성장 기업은 전 세계 어디에 있든 수많은 공통점과 건설적인 기본 가치를 공유한다는 주장에 힘을 불어넣는다. HCL의 사례 연구는 최근 재계에서 자주 들려오는 무참한 경제적 실패나 부끄러운 개인적 탐욕과 완전히 대조되는 이야기라 더욱 반갑다.

블루 프린트
이야기

2008년과 2009년에 닥쳐온 경제적 혼란은 여러 업계에 충격을 가해 셀 수 없이 많은 경영진과 직원, 소비자들의 삶을 바꿔놓았다. 한때 자기 업계를 지배하던 제너럴 모터스나 야후!, 스프린트(Sprint) 같은 기업들은 새로운 경쟁자가 앞으로 달려나가는 동안 남들에게 뒤처지기 시작했다. 리먼 브라더스(Lehman Brothers), 서킷 시티(Circuit City), 머빈스(Mervyns)처럼 완전히 몰락한 기업들도 있다.

〈비즈니스 위크〉지는 2008년에 세계에서 가장 영향력 있는 20대 기업을 선정했는데 이 명단은 월마트, 토요타, 마이크로소프트, 유니레버(Unilever), 애플, 구글 등이 포함된 엘리트 그룹 명단이었다.* 그런데 이 엘리트 명단에 새로 등장한 기업이 하나 있었으니 바로 HCL 테크놀로지다. 1970년대 중반 인도에서 설립된 HCL

은 1999년에(주식 상장 이후) 글로벌 IT 시장에 진출해 IT 서비스 분야의 글로벌 리더가 되었다. 이 회사는 제조업부터 은행업과 금융 서비스, 의료 분야에 이르기까지 다양한 업계에서 인프라, 애플리케이션, 비즈니스 프로세스, 아웃소싱 서비스(급여 관리, 회계 서비스, 인사 관리 프로세스) 등 여러 가지 서비스를 고객들에게 제공한다.

이 회사의 새로운 글로벌 리더십에 대한 증거로 노키아(Nokia)는 13개 언어를 사용하는 76개국에서 글로벌 PC 데스크톱 지원 서비스를 제공받기 위해 HCL과 5년 계약을 맺었다. HCL은 이 계약을 따내기 위해 기존에 이 업계를 지배했던 IBM뿐만 아니라 서구와 인도의 수많은 아웃소싱 업계 리더들을 제쳤다.**

‖ 세계에서 가장 영향력 있는 기업을 만들어낸 블루 프린트 ‖

경기가 좋든 나쁘든(강세 시장이든 약세 시장이든) 간에 지수 성장을 달성하기까지의 여정은 결코 평탄하지 않다. HCL 테크놀로지도 예외는 아니다.

1976년, 젊은 전기 전자 엔지니어인 쉬브 나다르는 4천 달러도 안 되는 자본금을 가지고 HCL(Hindustan Computers Limited)을 설립했

---

* 제나 맥그리거, "세상에서 가장 영향력 있는 기업", 〈비즈니스 위크〉, 2008년 12월 18일자.
** "HCL, 전 세계 76개국에 대한 노키아 데스크톱 관리 계약 수주", 〈이코노믹 타임스 – 델리〉, 2009년 1월 30일, 6.

다. 이 회사는 곧 인도에서 가장 성공한 컴퓨터 하드웨어 제조사로 자리를 잡았다. 2000년대 초에는 매출이 10억 달러까지 늘어났다 (그림 8 참조). HCL은 정말 지속적인 성장 태세를 갖춘 것처럼 보였다. 1990년대가 되자 소프트웨어와 IT 아웃소싱 서비스가 하드웨어보다 중요하게 대두되었다. 그러자 곧 HCL의 성장 속도는 IBM이나 휴렛패커드(HP), 인도의 몇몇 경쟁사들보다 뒤떨어지게 되었다. 2005년에는 매출 37억 달러로 전년 대비 35퍼센트나 성장했지만 HCL 설립자는 회사가 이런 성공을 거둔 것은 과거부터 쭉 이어져온 여세 때문이라고 정확하게 지적했다.

앞서 살펴본 것처럼 지수 성장을 이루는 비결 가운데 하나는

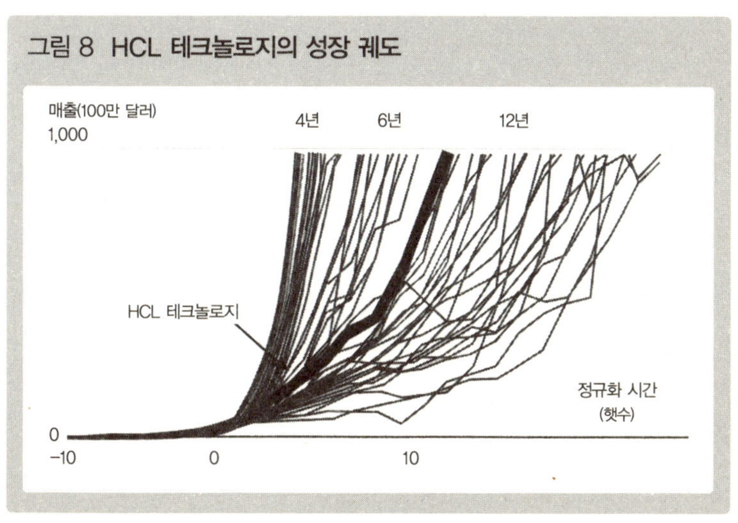

그림 8 HCL 테크놀로지의 성장 궤도

자료 출처 : 스탠더드 앤 푸어스 컴퓨스태트, 블루 프린트 분석

매출 10억 달러 달성을 위한 사업부를 만드는 것이다. 나다르는 IT 서비스 사업은 하드웨어 사업과 다르기 때문에 각 사업을 전담할 경영 팀이 따로 있어야 한다는 사실을 깨달으면서 이것의 중요성을 인식했다. 1998년에 그는 HCL을 두 개의 회사로 분리했다. 첫 번째 회사인 HCL 인포시스템즈(HCL Infosystems)는 인도의 하드웨어 및 시스템 통합 사업에 집중하는 내수 기업이 되었고, 두 번째 회사인 HCL 테크놀로지는 소프트웨어 중심의 IT 솔루션, 원격 인프라 관리 서비스, 글로벌 비즈니스 프로세스 아웃소싱 등을 제공하는 글로벌 IT 서비스 기업이 되었다.

1999년에 나다르는 인도 IT 기업들 가운데 가장 대규모로(그 당시까지만 해도) HCL 테크놀로지의 주식을 상장했다. 2005년에 새로운 회사 리더를 찾던 나다르는 경영학 석사 학위와 진정한 기업가 정신을 보유한 45세의 엔지니어 비니트 나야르에게 손을 내밀었다. 나다르는 이 사실을 회사 내부에 공고하면서 이렇게 말했다. "비니트는 HCL에서 20년간 근무하면서 뛰어난 리더십을 증명했습니다. 그의 글로벌 전망과 고무적인 리더십, 그리고 검증된 새로운 비즈니스 구축 실적이 HCL 테크놀로지를 새로운 성장 궤도로 끌어올릴 것임을 확신합니다."

나야르는 HCL에 속한 인프라 서비스 부서에서 일하다가 이 자리로 승진한 것이다. 그는 넘치는 카리스마와 혁신적인 비즈니스 모델을 만들어내는 전략적인 능력뿐만 아니라 인프라 서비스 부서

를 독자적으로 성장시켜 매출이 10억 달러를 향해 기하급수적으로
늘어나게 한 것으로도 유명하다. 그는 뛰어난 성장을 달성하고 혁신
적인 서비스와 유명 고객들과의 관계를 중심으로 하는 기업 문화를
정착시키기 위해 성장의 기본 원칙을 조직 깊숙이까지 배어들게 했
다. 여기까지는 아주 좋았다. 하지만 HCL 테크놀로지의 매출이 여
전히 7억 5천만 달러 부근에서 정체되어 있었기 때문에 이 회사를
계속 성장시킬 적임자는 나야르라는 결론이 내려진 것이다.

‖ 어떻게 기억될 것인가 ‖

나야르는 가치 창조, 유명 고객, 매출 증가율을 기준으로 자기
회사와 경쟁사들을 비교한 결과 HCL이 2000년부터 2005년 사이
에 상당한 지지 기반을 잃었다는 사실을 알아냈다. 왜 그런 일이
생겼을까?

나야르는 이렇게 말했다.

"현실을 제대로 보려 하지 않았기 때문이죠. 우리가 가진 성장
잠재력만큼 괜찮은 실적을 올리지 못했다는 사실을 마침내 직시할
수 있게 되자, 우리는 '이 문제를 해결하기 위해 할 수 있는 일이
무엇일까?'라고 물었습니다. 우리가 '가장 뛰어난' 회사가 아니라
는 현실에 눈을 뜨게 되자 이번에는 '그렇다면 성공을 위해 어떤
청사진을 제시해야 하는가?'라는 질문이 나왔습니다."

어느 날 저녁, 인도에 있는 자기 집에서 비즈니스 개발 담당 부사장인 아누바하브 삭세나와 함께 저녁을 먹던 나야르는 눈앞에 놓인 과제들에 대해 곰곰이 생각하기 시작했다. 그리고 삭세나를 바라보며 이렇게 물었다.

"2012년에 직원들과 고객들이 우리 회사에 대해 뭐라고 말했으면 좋겠습니까?"

이것은 삭세나가 그때까지 받아본 비즈니스 관련 질문 가운데 가장 심층적인 부분을 파고든 질문이었다. 고인에 대한 송덕문에서 어떤 사람으로 기억되고 싶으냐고 묻는 것과 비슷한 얘기다. 이것이 특히 중요한 질문인 이유는 기업도 사람과 마찬가지로 그 가치를 통해 존재를 인정받고 또 기억되기 때문이다. 그 뒤에 이어진 토론은 다음과 같은 나야르의 선언 덕분에 원래 자리로 되돌아왔다.

"나 혼자만의 힘으로는 가치를 창출할 수 없습니다. 가치는 나보다 훨씬 큰 존재니까요. HCL은 우리가 끌어들일 수 있는 최고의 인재를 채용해 그들에게 윤리적 가치관과 성장을 중심으로 한 기업 문화를 만들어낼 수 있는 권한을 부여한 뒤 스스로 이 질문에 대한 답을 찾게 해야 합니다."

혁신을 위한 청사진, 즉 블루 프린트를 만들기 위해(비록 이들은 블루 프린트라고 두 단어로 띄어쓰기를 했지만) 나야르는 중요한 기회 파악, 제휴 관계 활용, 고객을 위한 가치 창출을 바탕으로 3가지 중요한 결정을 내렸다. 첫째, 그는 회사가 높은 성장과 시장에서 가장 뛰어난 최고의 고객 가치 창출을 목표로 삼아야 한다고 결심했다. 둘째, 전략적 제휴를 맺고 합작 회사를 설립해야 한다. 셋째, 고객과 직원 모두를 위해 높은 가치를 지닌 유일무이한 제품과 서비스를 제공할 수 있는 혁신의 기회를 찾아야 한다.

서비스 사업을 하면서 업계 최고의 인재를 보유하고 있다는 것은 HCL의 가장 중요한 자산이다. 나야르는 흥미로운 '직원 우선' 프로그램을 개시하기 전에 HCL을 '가장 선호하는 직장'으로 만들겠다는 열망을 품고 있었다(휴잇 어소시에이츠(Hewitt Associates)의 인정을 받아 이 자격을 획득했다)*. 직원 우선 프로그램은 권한 부여, 피드백, 만족도, 보상 등에 초점을 맞춘 프로그램인데, 이런 요소들은 모두 회사에서 가장 중요한 이 프로그램에서 중요한 위치를 차지한다. 업무에 만족하고 회사에서 존중받고 의욕이 넘치는 직원들이 모인 결과 자연스럽게 만족한 고객과 클라이언트가 늘어나는 것이 회사의 초석이다.

----

* 2009년 휴잇이 선정한 아시아 최고의 직장'을 찾기 위한 조사는 휴잇 어소시에이츠가 다우존스 및 〈월스트리트 저널〉 아시아 지국과 손잡고 실시했으며 각 시장에서 활동하는 지역 파트너들의 협력도 받았다. 이 조사를 통해 직원들의 지적, 정서적 헌신을 얻을 수 있는 일터를 제공하기 위해 조직들이 얼마나 효율적으로 노력하는지 측정할 수 있는 결정적인 기준이 마련되었다. 이 조사는 또 아시아 기업들이 직원을 통해 진정한 경쟁적 우위를 차지하는 방법을 보여주는 동시에 "가장 선호하는 직장"이 되기 위한 여정에서 이 기업들이 어느 정도 위치까지 와 있는지 알려준다. http://was2.hewitt.com/bestemployers/asia/english/hewitt_be_india2009.htm에서 자세한 내용을 볼 수 있다.

‖ '블루 프린트'로 지수 성장을 달성한 HCL ‖

이 새로운 전략을 널리 전달하기 위해 나야르는 마케팅 팀을 소집했다. 그리고 마케팅 팀은 창의적인 브레인스토밍 끝에 벽에 아이의 손바닥 자국이 찍혀 있는 포스터를 가지고 돌아왔다. 나야르는 이렇게 설명했다.

"미국과 인도에서는 아기가 태어나면 손바닥(핸드프린트)과 발바닥(풋프린트) 도장을 찍어두는 것이 일반적인 관행입니다. 인도에서는 결혼할 때 점토에 발자국을 찍기도 합니다. (새로운 기업 문화에서 각 개인의 중요성을 강조하는) 손바닥 자국은 더할 나위 없이 완벽했습니다. 이것은 직원 여러분이 남긴 손자국이고 우리가 앞으로 걸어갈 길은 여러분에게, 또 여러분과 조직의 결합에 달려 있음을 상징하기 위해 '프린트'라는 단어를 선택했습니다. 그리고 건축용 청사진의 비유를 사용하기 위해 여기에 '블루'라는 말을 덧붙였습니다. 우리가 전진하는 동안 계속 발전하는 체제를 상징하는 것이죠."

두 단어가 합쳐진 '블루 프린트'는 뚜렷이 구별되는 메시지를 만들어낸다. 2005년 7월에 나야르는 회사의 최고위직 임원 100명을 소집해 3일 동안 블루 프린트 회의를 개최했다. 그는 이 팀을 계속 유지하고 있다.

"이것은 여러분의 계획이고 여러분의 미래이며 자기가 하는 일에 대한 여러분의 자긍심입니다. …… 이 일은 여러분만이 할 수 있습니다. 그 누구도 대신할 수 없습니다. 중요한 것은 이 계획의 지적 결말이 아닙니다. 그것은 해마다 계속해서 발전해나갈 테니까요. 지금 가장 중요한 문제는 '우리가 하는 일'과 '그것을 실행하는 방식'에 어떻게 여러분의 손바닥 자국을 남기느냐 하는 것입니다. 이 것은 성장과 성공을 이루기 위한 여러분의 '블루 프린트' 입니다."

나야르의 블루 프린트 전략은 구체적으로 어떤 것일까?

이 회사의 첫 번째 이니셔티브는 직원들의 사기를 되살리고 운영 효율을 개선하는 등의 방법을 통해 회사의 질서를 확립하는 것이었다. 나야르는 이를 위해 주로 두 가지 방법을 이용했다.

❶ 투명하고 책임감 있는 기업 문화를 구축하자는 공동의 목표 속에서 각자가 제시한 사안에 개인적으로 응답하기 위한 직원과

상사의 1대 1 만남을 비롯해 전사적인 360도 피드백 프로세스를
시작했다.
❷ 영업, 납품, 품질 등의 중요한 가치를 중심으로 회사 구조를 재
편했다.

HCL의 두 번째 이니셔티브는 전체적으로 증가된 가치를 제공
할 수 있도록 전략적 제휴를 맺는 것이었다. HCL이 제휴를 맺은
기업은 SAP, 마이크로소프트, VM웨어(VMWare), 제록스 등이다.

2010년에 완료될 예정인 세 번째 이니셔티브는 지수 성장을 유
지하기 위해 HCL의 비즈니스 모델을 근본적으로 변화시키는 것
이다. 현재 이 회사 매출의 50퍼센트는 2005년까지는 존재하지도
않았던 서비스를 통해 나온다. 통합(인프라 + 애플리케이션) 서비스와
원격 인프라 관리 서비스도 여기에 포함된다.

나야르는 또 최고위직 임원 100명에게 다음 해에 대한 목표를
세우게 했다. 나야르는 이렇게 말했다.

"사실 그들이 세운 구체적인 목표가 무엇인지는 중요하지 않습
니다. 나는 모든 사람이 회사 내의 다른 그룹이 어떻게 일을 처리
하는지 볼 수 있도록 회사를 운영할 계획입니다."

나야르는 직원들에게 한 가지 지침을 지켜달라고 요구했다. 다
음 해에 영업 팀은 매출 목표를, 납품 팀은 매출 및 수익 목표를 세
우게 될 것이다. 나야르가 설명했다.

"영업 팀과 납품 팀의 당면 과제는 서로 다릅니다. 영업 팀은 성장을 가속화하고 시장 점유율을 늘려야 하고, 납품 팀은 뛰어난 납품 실적을 올려야 합니다."

나야르는 회의를 마치면서 주어진 과제를 한층 더 늘렸다. 각 임원은 HCL이 수많은 소액 계약 기반에서 벗어나 변화를 꾀하기 위하여 여러 해 동안 여러 가지 서비스 분야에서 수백만 달러 규모의 공동 소싱 제휴를 맺을 수 있는 방법을 알아내야 한다.

이런 방법을 통해 내부의 여러 가지 일들이 원활하게 진행되는 장점도 있지만 그와 동시에 HCL 테크놀로지가 액센추어(Accenture)나 IBM 같은 글로벌 대기업에 맞서 성장하기 위해서는 고객에게 접근하는 방식을 바꿔야 한다는 사실도 명확하게 밝혀졌다. HCL은 고객의 업무를 혁신하는 인프라 서비스나 통합 운영 관리 서비스 같은 아웃소싱 서비스를 제공하는 자신들을 다른 회사와 차별화해야 한다. 규모가 작은 프로젝트 기반 업무를 쫓아다니기보다는 정말 커다란 거래를 따내기 위해 노력할 필요가 있다.

"계약 체결에 성공하려면 놀랄 만큼 우리 주위를 에워싸고 있는 사일로(곡식 등을 저장하는 창고)를 없애고 회사 전체의 협업을 장려해야 합니다."

나야르의 말이다.

HCL은 어떻게 다양한 문화와 지역, IT 기술 분야에서 복잡한 계약을 성공적으로 수행하고, IBM이나 HP 같은 글로벌 대기업들과 경쟁해 고객을 확보할 수 있었을까? 회의론자들이 회의적인 태도를 보이는 것은 다 그럴 만한 이유가 있기 때문이다. 나야르는 이렇게 설명한다.

"나는 의심 많은 사람에게 이렇게 말합니다. '나는 HCL 인프라 서비스 부서에 근무하는 사람인데, 우리가 매우 중요하고 특별한 가치를 제안하는 회사를 설립했습니다. 덕분에 이렇게 규모가 큰 일에도 상당히 익숙한 편이죠.' 라고 말이죠."

최고위직 임원 100명이 모이는 회의에 참석했던 이들 중에는 이런 말을 하는 사람도 있었다. "나야르, 당시 사장으로 재직하던 사람은 토론에 매우 관대한 태도를 보였습니다. 덕분에 우리는 이의도 마음껏 제기할 수 있었죠. 그는 또 HCL은 결코 남들을 흉내내는 회사가 되지 않을 것이라는 입장을 분명히 밝혔습니다. 우리의 목적은 우리가 고른 시장에서 1인자가 되는 것입니다."

나야르는 HCL의 전략적 비전은 기술 문제 해결을 중심으로 구상한 것이 아니라고 설명한다. 고객들이 기술의 가치를 깨달을 때쯤이면 그 기술은 이미 시대에 뒤진 구식 기술이 되어 있을 것이기 때문이다. 그보다는 오히려 다른 쪽에 더 중점을 뒀다고 한다.

"우리는 기술을 이용해 프로세스 단일화나 통합된 실시간 IT 대시보드 같은 비즈니스 문제를 해결하는 업계에 계속 몸담아야 합니다. 비즈니스 문제에 대한 해결사가 되려면 고객의 사업을 심도 있게 이

해할 수 있어야 하는데, 나는 이를 가리켜 특정 분야의 지식이라고
부릅니다. 둘째, '고용-퇴직'이나 '조달-지불'처럼 비즈니스 프로
세스를 IT와 연계시키는 전문 기술이 필요합니다. 셋째, 무결함 실
행을 통해 비즈니스 가치를 실현하는 전문 기술을 갖춰야 합니다.
이 3가지 구성 요소는 성공에 절대적으로 필요한 요소들입니다."

직원들이 이 전략적 비전을 구현하고, 기존 실수를 개선할 수
있는 로드맵을 제시하기 위해 잘 다듬어진 사명 선언문과 품질 정
책이 제정되었다.

HCL의 사명 선언문
　우리 고객들이 자사 고객에게 더 좋은 서비스를 제공할 수 있도록
세계적인 수준의 정보 기술 솔루션과 서비스를 제공한다.

품질 정책
　처음부터 항상, 외부 고객과 내부 고객들의 요구조건을 충족시킬 수
있는 무결함 제품과 서비스, 솔루션을 제공해야 한다.

HCL 테크놀로지에
적용한 7대 원칙

HCL은 현실 세계에 7대 원칙을 적용하는 '목적' 뿐만 아니라 '방법' 까지 알아내는 데 성공했다. HCL은 7대 원칙 전부를 인상적으로 구현하면서 맨 앞의 두 가지 원칙을 역순으로 적용했는데 그것 자체만으로도 소중한 교훈을 안겨주었다. 회사 성장을 위한 고속 엔진을 달 때 반드시 첫 번째 원칙인 '혁신적인 가치 제안을 하고 그것을 유지한다' 부터 시작할 필요는 없다. HCL의 경우에는 시장을 다시 정의하는 일부터 시작한 뒤 시장 재정립에 필요한 가치를 역설계했다.

‖ 성장 가능성이 큰 시장 세그먼트를 개발한다 ‖

2005년 7월에 열린 HCL의 첫 번째 블루 프린트 회합에서 나야르에게 던져진 가장 중요한 질문은 "핵심적인 IT 아웃소싱 시장에서 우리 회사가 큰 지분을 차지하려면 어떻게 해야 할까?"라는 것이었다. 그의 답은 상당히 흥미로웠다.

"현재 시장이 침체된 상태이므로 우리는 이 안에 촉매제를 주입하고 시장 세그먼트를 다시 정의해 폭발적인 성장 기회를 만들어야 합니다."

다시 말해 HCL은 침체기를 맞은 아웃소싱 시장 내에서 지수 성장 시장을 재정립할 수 있는 '폭발'적인 힘을 만들어내야 한다는 얘기다. 그것은 과연 어떤 기회일까? 결국 나야르가 말한 기회란 '뛰어난 품질'을 제공하는 것임이 드러났다. 남들에게는 그리 혁신적인 생각처럼 들리지 않지만 적어도 이 회사의 경우에는 그랬다.

그의 제안은 상당히 이치에 닿는 얘기였다. 소비자들이 실망감을 느끼고 있었기 때문이다. 이들이 이용하던 아웃소싱 제공업체는 고객과 고객의 제품을 적극 지원하겠다고 약속했지만 제공되는 서비스는 지독한 수준이었다. 장기간에 걸친 융통성 있는 계약을 체결한 아웃소싱 업체들은 자신이 한 약속을 충실히 이행하지 않았다. 고객들은 HCL을 상대로 다른 아웃소싱 업체들이 만족시켜 주지 못한 자신들의 요구에 대해 점점 목소리를 높이게 되었다.

나야르는 당시의 상황을 이렇게 설명한다.

"우리는 격차를 발견했습니다. 30억 달러 이상의 매출을 달성한 대

여섯 곳의 글로벌 업체와 수많은 중소규모 업체들 사이에 공급업체의 차이가 있었던 것입니다. 글로벌 업체는 고객들과 매우 엄격한 계약을 체결했는데 자주 변화하는 고객들의 요구를 충족시키기 위해 유연하게 대처할 수 있는 능력이 부족한 것은 물론이고, 고객들이 앞으로 무엇을 원하게 될 것인지에 대한 이해도 부족했습니다. 반면 중소규모 업체들은 세계 각지의 고객들에게 서비스를 제공하는 것이 불가능했습니다. 고객들과 얘기를 나누는 동안 우리는 계약을 충실히 이행하는 공급업체가 되어 공급업체의 약속과 고객과의 관계가 교차하는 지점을 투명하게 보여줄 수 있는 기회 격차를 발견했습니다."

이것이 바로 HCL의 전략적 기회였다! 시장의 핵심적인 부분, 즉 고객과 서비스 제공업체가 만나는 접점을 차지하기 위해 치열하게 싸우는 동안 HCL은 자기들이 이길 수 있다는 사실을 깨달았다.

"품질과 혁신으로 아웃소싱 시장을 재정립"하겠다고 결심한 나야르의 팀에게는 전 세계의 다른 IT 기업들은 제공할 수 없는 자신들만의 혁신적인 가치 제안을 정의해야 하는 임무가 아직 남아 있었다.

"2005년의 블루 프린트는 전 세계에서 활약하는 IBM과 액센추어의 핵심 시장을 공략하기 위해 우리가 '해야 할 일'과 고객들이 매우 중요시하는 혁신적인 서비스 오퍼링을 실행할 '방법'을 중심으로 구성되었습니다.”

나야르의 설명이다. 이런 통찰력은 지금도 HCL의 블루 프린트를 규정하며 그 결과 5년간 약 63퍼센트의 복합 매출 성장을 이루었다.

‖ 가치 제안 재정립 : 대약진의 기회를 찾는다 ‖

HCL이 2005년도 매출 이상으로 성장하기 위해서는 규모가 더 크고 소프트웨어 애플리케이션과 하드웨어 인프라가 모두 포함된 통합 거래를 체결해야만 했다. 이런 표준 가격 거래는 대부분 IBM, 일렉트로닉 데이터 시스템(Electronic Data System)(현재는 휴렛패커드의 부서로 통합), 컴퓨터 사이언스 코퍼레이션(Computer Science Corporation), 그리고 HP의 차지였다.

사내 운영을 담당하는 나야르의 파트너인 아난트 굽타가 이 일을 맡았다. 이 업계에서 활동하는 다른 회사와 HCL의 서비스를 차별화하는 것은 무엇일까? HCL이 제공할 수 있는 영속적인 가치는 무엇일까? 굽타와 나야르는 결국 HCL이 고객들과 체결하는 계약은 언제나, 그리고 앞으로도 영원히 신뢰성과 투명성, 융통성을 기반으로 해야 한다는 데 의견 일치를 보았다. 이들은 이 기둥이 떠받치는 탄탄한 회사를 세울 것이다. 이것이 바로 HCL이 다른 회사와 차별화되는 부분이었다. 고객들을 위해 공동 소싱이라는 믿을 수 있는 방식을 처음 개발한 것도 이 회사의 생각을 보여주는 한 예다. 이를 통해 HCL과 고객이 함께 힘을 합쳐 IT 인프라를 관리할 수 있게 되었다.

굽타는 자기가 감정적으로 열망하는 토대와 현실적인 실행 방식을 잘 조화시켰다.

"우리는 무결점 실행 모델 원칙을 받아들였습니다. 우리 회사의 가치 제안에 중요한 부분이었죠. 우리가 위험을 무릅쓸 때면 적절한 실행 계획과 리스크 완화 전략이 우리 뒤를 받쳐주었습니다."

타이밍도 가장 중요한 요소 가운데 하나였다. 굽타는 이렇게 말한다.

"우리는 2년이나 3년, 혹은 4년 동안 유효한 가치 제안이 있을 것이라고 믿었고, 고객들은 오래도록 지속될 의미 있는 관계를 향한 첫 걸음으로 신속한 성공을 원했습니다. 그래서 우리도 신속하게 성공을 거두는 데 집중해 3~9개월 만에 결과물을 내놓았습니다. 9개월 이상 걸리는 장기적인 업무의 경우에는 고객도 장기적인 가치를 얻을 수 있도록 했고요."

HCL은 다른 글로벌 업체의 시장 점유율을 빼앗기 위해 훨씬 손쉽게 업무를 수행할 수 있는 방법과 보다 유연하고 투명하며 대기업 고객들과 충실한 관계를 맺을 수 있는 역량을 보여주어야만 했다. 무엇보다도 HCL 경영진은 이 새로운 대기업 고객들을 위해 가치를 재정립하겠다는 약속을 지켜야만 했다. 이들은 IBM과 액센추어의 서비스를 조사하는 과정에서 이 회사들이 주로 아웃소싱과 관련된 우수한 인재와 많은 경험에 의존한다는 사실을 알아냈다.

"이 업계에 새로 진출한 기업이 이미 확고하게 자리 잡은 글로벌 기업들과 경쟁하는 경우, 어떻게 해야 그들을 이길 수 있을까요?"

나야르는 미소 띤 얼굴로 이렇게 묻더니 계속 말을 이었다.

"규칙을 바꿔야 합니다. 우리는 IT 운영 업무 전체를 원격으로 제공하는 것이 가능하다면 3가지 면에서 남다른 가치를 안겨줄 수 있다고 믿었습니다. 첫째, HCL은 대시보드를 통해 고객들이 IT 운영 상황을 제대로 확인할 수 있게 해줍니다. 외부에 위탁한 운영 상황과 관련된 실시간 데이터를 고객에게 제공함으로써 우리는 상황을 숨김없이, 투명하게 보고하는 업체라는 인식을 얻게 됩니다.

둘째, 고객의 사업 필요에 따라 IT 인프라를 확장하거나 축소할 수 있는 융통성을 보장합니다. 그리고 셋째, 다른 공급업체는 감히 대

나야르는 가치 영역이 비용을 절감하고 업무를 더 훌륭하게 운영할 수 있는 기회를 안겨준다는 사실을 깨달았다. 실제로 통합 인프라, 애플리케이션 이동, 디자인 서비스 등 보다 정교한 오퍼링을 제공하는 HCL은 고객이 지금까지 경험해본 것보다 훨씬 다양한 방법으로 고객들의 경제적인 이익을 높일 수 있다.

적할 수 없는 저렴한 가격과 빠른 대응 시간 안에 이 모든 일을 해낼 수 있습니다. 물론 중요한 것은 가격뿐만이 아닙니다. 우리는 성과 기준에 따른 벌금 조항이 포함된 리스크·보상 계약도 기꺼이 체결하고 장기적인 고객 관계를 위해 투자한다는 증거를 보여주기 위해 절감된 비용을 고객과 나눕니다.”

이런 사항이 결정되자 HCL은 다양한 가치를 전달하는 약속을 지키는 데 필요한 시스템과 프로세스, 툴에 많은 투자를 했다.

나야르는 물론 경쟁사들이 ‘해야 할 일’을 베낄 수도 있다고 생각한다. 하지만 여러분의 회사가 그 약속을 실행하는 ‘방식’까지

아난트 굽타는 이렇게 말했다.

“우리 회사의 가치 제안을 실행에 옮긴 것은 확실한 신뢰의 도약이었습니다. 이 가치 제안은 신뢰, 투명성, 융통성이라는 3가지 주의를 바탕으로 합니다. 신뢰의 도약 뒤에는 고객들이 우리 회사를 신뢰할 수 있고 투명하며 흠 없는 완벽한 실행을 위해 노력하는 기업이라고 생각해주기를 바라는 희망이 깔려 있습니다. 고객들은 그런 믿음을 가지고 우리 회사를 택해야 합니다. 다행히 영업 팀부터 아웃소싱 제공 담당자와 경영진에 이르기까지 관련된 모든 이들의 설득력 있는 보디 랭귀지를 통해 고객에게 이런 장점을 전달할 수 있었습니다. 고객들이 ‘그래, 이 일은 가능해’라는 확신을 느꼈으리라고 믿습니다. 고객들이 기존에 이용하던 아웃소싱 공급업체를 버리고 HCL로 옮겨온 것도 모두 그 덕분이라고 생각합니다.”

정확하게 베낄 수는 없다. 특히 여러분이 제공하는 제품 또는 서비스와 그것을 실행하는 방식에 대해 차별화된 가치 제안을 만들어낸 상태라면 더욱 그렇다.

다른 업계의 아이디어를 차용하는 것도 성공적인 지수 성장의 특징이다. HCL의 경우, 이 회사는 비슷한 서비스 공급 사슬을 통해 가치를 전달해야 한다는 사실을 깨달았다. 이를 위해 HCL에서는 제조업계의 공급 사슬 조직과 프로세스를 연구하고 실시간 IT 대시보드에 대한 일련의 측정 작업을 통해 그 결과를 공표했다.

"공급업체, 직원, 고객 사이의 접점에서 가치가 생성된다는 사실을 알아냈습니다. 우리는 이것을 '가치 영역'이라고 부릅니다."

나야르가 설명했다. 실제로 HCL 테크놀로지가 남다른 성장 기회를 만들어낼 수 있다고 확신하게 된 것도 가치 영역 안에서였다.

‖ 영향력 있는 고객을 활용해 매출 성장을 가속화한다 ‖

고성장 기업들은 영향력 있는 고객들이 회사를 대신해 제품을 홍보하게 한다. HCL의 블루 프린트 메시지에도 이런 내용이 포함되어 있었다.

첫째, HCL은 이렇게 귀중한 영향력을 지닌 고객이 누구인지 파악해 자기편으로 끌어들여야 했다. 이런 노력을 시작한 초반에, 회사는 몇 가지 좋은 소식을 접하게 되었다. 어드밴스드 마이크로

디바이스(Advanced Micro Devices, AMD)의 아웃소싱 요구와 관련해 컨설팅을 하던 맥킨지 사가 HCL의 블루 프린트 목표에 대해 전해 듣고는 AMD 아웃소싱 업체 계약 입찰에 참여하라고 권한 것이다.

맥킨지 미국 본사를 통해 이 권유를 받아들인 HCL은 AMD의 요구조건이 처음 생각했던 것과 완전히 다르다는 사실을 알게 되었다. AMD는 일련의 신속한 성공을 통한 빠른 변화를 원하기보다는 자신들의 구체적인 요구에 따라 아웃소싱 방식을 맞춤화해주기를 바랐다. 또한 고객과의 계약에서 융통성을 발휘할 수 있고 계약이 투명하게 이루어지기를 원했다. HCL은 제안서 작업에 착수했고 결국 IBM, HP, 액센추어 등을 물리치고 계약을 따냈다.

AMD와의 계약은 이중의 승리였다. 맥킨지와 AMD의 신뢰를 얻었을 뿐만 아니라 금융 서비스, 소매, 제조업계에 종사하는 다른 유력한 잠재 고객들의 관심까지 끌게 된 것이다. HCL 경영진은 AMD와의 관계를 이용해 오토데스크(Autodesk), 노키아, 테러다인(Teradyne) 등 유명한 기업을 영향력 있는 고객으로 확보할 기회를 마련하기 위해 신속하게 움직였다.

영향력 있는 고객을 끌어들이면서부터 HCL 테크놀로지의 모든 사업 부서에 진정한 차이가 생겨났다. 일례로 인프라 서비스 부서는 세계 최고의 디젤 엔진 제조업체인 커민스(Cummins)와 중요한 거래를 체결하게 되었다. 모험을 하는 심정으로 HCL 테크놀로지를 택한 커민스는 이 거래를 통해 비용이 절감되고 고객 만족도가 높아지는 즐거운 놀라움을 맛봤다. 그 이후 커민스는 HCL이 성장해 앞으로 커민스를 위해 더 많은 서비스를 제공할 수 있도록 HCL의 성공을 진심으로 바라게 되었다.

그렇게 해서 커민스도 HCL이 마케팅을 벌이는 기업 고객들을 상대로 자신의 성공담을 들려주는 영향력 있는 고객이 되었다. 커민스와 HCL의 관계는 양사 모두에게 도움이 되는 조합이다. HCL의 영업 담당 부사장인 R. 스리크리슈나는 말한다.

"지난 5년 동안 커민스가 우리에게 추천해준 고객과의 계약 성사율이 100퍼센트에 달합니다. 고객들은 자기 고객사가 거래하는 업체에서 제품을 구입하는 것을 좋아합니다."

단 한 명의 영향력 있는 고객을 여러 명으로 늘리려면 어떻게 해야 할까? HCL 테크놀로지의 경우에는 커민스나 보잉(Boeing) 같은 기업들과 함께 고객 자문위원회를 구성했다. HCL은 이 위원회 모임에서 새로운 서비스를 제안하고 신제품 전략을 구상하며 서비스 개선 방안에 대한 고객의 의견에 귀 기울일 수 있었다.

고객을 만족시키면 그만한 대가가 돌아오는데, HCL은 이것을 관례화했다. 납품·운영 담당 부사장 비제이 쿠마르는 이렇게 설명한다.

"우리 회사는 서비스 수준만 만족시키는 것이 아니라 우리가 한 모든 공약에 부끄럽지 않게 행동하려고 노력합니다. 계속해서 바뀌는 고객들의 요구를 충족시키려면 늘 유연하게 대처해야 합니다. 그래서 새로운 해결책을 제시하거나 금융 조건이 탄력적인 융통성 있는 계약을 체결하곤 하는 것입니다. 그 결과 갈수록 윈-윈 방식으로 업무를 수행할 수 있게 되었습니다. 고객이 우리 친구가 된 것입니다. 윈-윈 보상을 실행할 수 있었던 것도 우리의 통찰력 덕분입니다."

HCL은 현 고객과 잠재 고객 사이의 의사소통을 촉진하기 위해 노력했다. 2008년 11월에는 플로리다 주 올랜도에서 영향력 있는 고객들을 위한 연례행사인 '언스트럭처(Unstructure)'를 개최했는데, 이 자리에는 다양한 업계와 국가에서 일하는 600명 이상의 임원급 고객과 잠재 고객들이 참석했다. 경제 동향, 성장, 그리고 물론 아웃소싱 전략에 관한 지적 리더들도 이 행사에 모습을 드러냈다. HCL 테크놀로지의 기존 고객들은 새로운 잠재 고객에게 자신들의 경험담을 들려달라는 요청도 받았다.

커민스의 독특한 시각

고객이 여러분 회사의 훌륭한 영업사원이 될 수 있을까? 커민스 비즈니스 서비스의 정보 기술 담당 상무인 버논 윌슨은 HCL-커민스 사이의 윈-윈 등식에 대한 자신의 생각을 들려주었다.

"2003년에 우리 회사가 시도한 중요한 이니셔티브 가운데 하나는 커민스 인프라 지원 부문의 업무 거점을 국외로 옮길 방법을 찾는 것이었습니다. 이 과정에서 해외 업체 7군데를 방문했습니다. 그 중에서 결국 HCL 테크놀로지를 택한 것은 업무에 대한 이 회사의 공약 때문이었습니다. 비니트 나야르를 비롯한 HCL 임원들과 만난 자리에서 그들이 우리 회사와 제휴해 비용 절감을 도와 '커민스를 더 훌륭한 회사로 만들어주겠다고' 약속하는 것을 똑똑히 들었습니다.

게다가 HCL이 매우 숙련된 직원들을 보유하고 있다고 강조하는 것도 마음에 들었습니다. HCL을 방문했을 때 기술 지원 전문가들이 3가지 색상의 셔츠를 입고 있는 모습을 보았습니다. 각 색상은 그들이 시스코 네트워킹 제품에 대해 어떤 자격증을 보유하고 있는지 가리키는 것이었습니다. 인증 프로세스를 한 단계씩 거칠 때마다 이들의 셔츠 색상이 바뀌게 됩니다. 그것은 인프라 분야에서 오랜 세월 경력을 쌓아온 제가 지금까지 본 모습 중 가장 놀라운 광경이었습니다. 이 과정을 지켜본 우리는 기술 발전을 위한 HCL의 헌신과 직원 교육이 기술 변화를 앞서가고 있다는 느낌을 받았습니다. HCL이 우리에게 판 것은 단순한 서비스가 아니라 최첨단 기술 지원이었습니다. 그리고 이들은 매우 재미있고 독특한 방식으로 그 메시지를 전달합니다."

버논 윌슨의 말에 따르면 커민스는 계약업체들에게 각자의 공약을 지키도록 요구한다고 한다. "그것이야말로 서로 좋은 관계를 맺을 수 있는 방법"이라고 그는 말한다. "업무에 대한 HCL의 특별한 책임감은 우리의 기대를 계속 넘어설 정도로 '압도적인' 수준이었습니다."

일례로 커민스가 '고객의 눈을 통해 보자'라는 중요한 이니셔티브를 개시했을 때, HCL 팀은 자진해서 커민스 직원들과 함께 관련 교육에 참가하겠다고 나섰다. 이것은 업무에 대한 HCL의 헌신을 보여주는 단적인 예다. 윌슨의 이야기는 계속 이어진다.

"HCL처럼 작은 회사에 아웃소싱 업무를 맡기는 것은 위험을 감수해야 하는 일임을 알고 있었습니다. 그들로서는 처음 해보는 사업이었으니까요. 하지만 비니트 나야르는 계약서에 벌금 조항까지 넣어가면서 우리 회사에 대한 책임을 다하겠다는 의지를 보여주었습니다. HCL이 비용을 초과하거나 특정한 서비스 수준에 도달하지 못하면

이에 대한 위약금을 물도록 되어 있었습니다. 이것은 경쟁사들에 비해 상당히 특이한 약속이었습니다. HCL이 자신들의 업무 실행 프로세스에 자신이 있었기에 가능한 일이었죠."

윌슨은 또 HCL이 회사 내의 수요 변화에 따라 자원을 융통성 있게 활용했다는 사실도 언급했다. HCL은 또 커민스에 대한 서비스를 최대한 빠른 시간 안에 전 세계로 확대해 곧 폴란드, 인도, 아일랜드 등지에 있는 HCL 헬프 데스크를 통해 8개 언어로 커민스를 지원하게 되었다.

일반 고객에게 영향력 있는 고객으로 변신

현재 커민스는 벌써 몇 년째 HCL의 벤치마크 고객으로 활약하고 있다. 두 회사의 이런 관계는 영향력 있는 고객이 얼마나 소중한 존재가 될 수 있는지 보여준다. 이 문제에 대해서 윌슨은 이렇게 말한다.

"HCL은 굉장한 성공을 거두었습니다. 커민스 직원들도 이렇게 개방적인 환경을 갖추게 된 것을 매우 자랑스럽게 생각합니다. 우리는 이런 성공 사례를 다른 회사들에게도 알려줍니다. 무결성은 우리가 가장 중요하게 생각하는 핵심 가치 중 하나입니다. 그렇기 때문에 HCL 고객이 될 가능성이 있는 회사를 방문하거나 접대할 기회가 생기면 2~3시간에 걸쳐 HCL과 함께 걸어온 여정에 대해 솔직하게 이야기합니다. 또 HCL의 다른 잠재 고객이 우리 회사를 방문하는 경우에도 그들은 곧 우리가 뭔가를 억지로 선전하려고 하는 것이 아님을 알아차립니다. 우리는 그저 HCL과 함께 일하면서 거둔 성공에 대해 있는 그대로 들려주는 것뿐입니다. 이런 점에서 볼 때 제 개인적인 결론은 다음과 같습니다. HCL은 성공과 기술 발전을 위해 전력을 다하는 회사이고 커민스가 나아가는 방향과 잘 맞는 비전과 리더십을 갖추고 있습니다."

‖ 동맹 관계의 기업들을 활용해 새로운 시장에 진입한다 ‖

성공 전략을 실행하는 회사들은 자기 회사 제품이나 서비스 포트폴리오에 불가피하게 빠진 부분이 있음을 발견하게 된다. 유명 브랜드를 지닌 동맹 파트너를 이용해 이런 빈자리를 채우는 것은 사업 확장에 도움이 될 뿐만 아니라 가치 제안을 강화하고 영향력 있는 고객들에 대한 신뢰도도 높아진다. HCL의 인프라 서비스 부서가 전보다 규모가 크고 복잡한 계약을 성사시킨 것에서 알 수 있듯이 고객들은 자신들이 가지고 있지 않은 통합 솔루션을 요구한다. 데이터 센터 호스팅, 데스크톱 지원 서비스, 수천 대의 사무용 프린터 관리 능력 등도 여기 포함된다.

인프라 서비스 부서는 선가드 시스템즈(SunGard Systems)와 맺은 첫 번째 글로벌 제휴를 통해 고객들에게 호스팅 서비스와 비즈니스 연속성 서비스를 제공하게 되었다. 유니시스(Unisys)와의 또 다른 제휴를 통해서는 데스크톱 아웃소싱이 가능해졌다. 또 제록스와 손잡고 프린터, 복사기, 팩스, 스캐너 서비스를 제공하기도 한다. 이런 제휴 관계 덕분에 HCL은 업계 최고의 서비스와 원스톱 쇼핑을 통해 가치 제안을 할 수 있는 역량을 얻었다.

이런 업계 최상위 기업들이 HCL과 제휴를 맺는 이유는 무엇일까? 그 답은 간단하다. 협력적 동맹 관계(하청 계약 관계가 아닌)를 맺어 고객 만족도 부문에서 HCL이 높은 점수를 받게 해준 뛰어난 품질의 통합 서비스 오퍼링을 고객에게 제공하기 위해서다.

나야르의 팀은 '영향 지대'를 만들어낼 수 있는 제휴 관계를 맺는 데 집중하기도 했다. HCL은 맥킨지, TPI, 가트너(Gartner) 같은 최고의 컨설팅 회사를 상대로, 고객들에게는 여전히 충족되지 않은 욕구가 남아 있으며 HCL은 독창적인 방법을 통해 그것을 만족시킬 수 있다고 설득했다. 나야르는 또 마이크로소프트, 시스코, SPA 등과 제휴 관계를 맺었다. 그는 미소 띤 얼굴로 이렇게 말했다.

"우리는 제휴 관계에 있는 회사들에게 혹시 업무용 툴을 판매하는 사업을 하느냐고 묻곤 했습니다. 물론 잘못된 접근 방식이죠. 그래서 이제는 그들의 툴을 이용해 우리와 힘을 합쳐 매출 분배 방식의 서비스를 시작해보지 않겠느냐고 말하고 있습니다. 예컨대 시스코 관계자들을 만나 통신사를 위한 시스코의 네트워크 관리 서비스를 우리와 함께 제공하지 않겠느냐고 제안하는 것입니다. 그렇게 하면 대역폭 사용량, 애플리케이션 반응 시간, 대역폭 최적화 여부 등을 똑똑히 확인할 수 있습니다. 스마트한 업무 방식을 이용하면 서비스 수준은 높아지고 비용은 줄어듭니다. 그리고 또 SAP를 찾아가 소프트웨어 구현 작업에 협력하고 싶다고 제안합니다. 이 모든 일은 고객이 하나의 가치 영역을 통해 신뢰성, 투명성, 융통성을 모두 얻을 수 있도록 하기 위해서입니다."

HCL은 공급업체, 영향력 있는 기업, 고객과의 꾸준한 제휴를 통해 자사 파트너들이 새로운 고객에게 가치 영역의 장점에 대해 설명하도록 만들었다. 나야르의 이야기를 들어보자.

"함께 일하는 모든 이들이 여러분을 대신해 홍보에 나서도록 하는 것입니다. 그것이 바로 비범한 성장 기업이 되는 비결이죠. 우리 HCL의 영업사원들도 모두 우리 회사로 고객을 보내줄 수 있는 파트너를 100명씩 보유하고 있습니다. 100 : 1 효과인 셈이죠. 덕분에 우리 회사에는 업계를 하나 형성할 수 있을 정도의 영업 인력이 생겨났습니다."

‖ 기하급수적 수익 성장의 대가가 된다 ‖

블루 프린트 기업들은 매출 성장과 지속적인 수익 창출, 그리고 무엇보다 중요한 현금 흐름이 조화를 이루게 한다. HCL도 미래의 성장을 촉진하기 위해 현금 보유액의 상당 부분을 회사에 재투자하면서도 오랫동안 이 부분에서 성공적인 실적을 올렸다.

현금 흐름과 성장을 위한 투자가 균형을 이루도록 하려면 어떻게 해야 할까? 아난트 그룹파는 이렇게 말한다.

"우리의 기본 원칙은 수익성 높은 고객 관계와 사업 부서에 의지하는 것입니다. 크게 봤을 때 우리 회사는 현재 약 60~70퍼센트 정도의 성장세를 보이고 있습니다. 그러니 지금도 계속 진행되고 있는 투자는 12~15개월 정도 뒤를 내다보고 하는 것이죠. 예전처럼 500명을 위한 인프라를 미리 구축해놓는 것이 아니라 이제는 3천 명을 위한 인프라를 만듭니다."

나야르도 자기 의견을 덧붙였다.

"첫 번째 단계는 여러분의 회사가 감당할 수 있는 수준까지 투자를 하는 것입니다. 1천만 달러를 사용할 수 있으면 1천만 달러를 투자합니다. 1억 달러를 사용할 수 있으면 투자액을 그 수준으로 제한합니다. 예를 들어 우리 회사가 원격 인프라 관리 분야에 투자하기 시작했을 때는 사용할 수 있는 자산이 1천만 달러밖에 없었습니다. 그래서 이렇게 말했죠. '정해진 날짜까지 성장 가능성이 보이지 않으면 그것으로 포기하자!' 라고요. 우리 회사의 모든 사업 계획에는 제가 '사망일' 이라고 부르는 것이 정해져 있습니다. 사망일이 되면 그 발상의 효용성을 증명하고 눈에 띄는 매출이 있어야 합니다. 그렇지 않으면 프로젝트를 포기하고 투자액을 장부에서 말소합니다."

HCL의 원격 인프라 관리 부문은 스스로 길을 개척해 6년 만에 매출 10억 달러를 달성하는 성장 궤도를 그렸고, 이를 통해 회사가 10억 달러 규모의 사업 부서를 성공적으로 구축할 수 있다는 사실을 증명했다.

나야르는 매출 성장과 지속적인 수익을 조화시키기 위한 두 번째 단계는 바로 새로운 아이디어에 대한 열정을 이끌어내는 것이라고 말한다.

"어떤 아이디어든 실행에 옮길 수 있습니다. 여러분도 인도에 와서 거리의 행상인이나 해안에 사는 어부들이 물고기를 가장 좋은 가격에 팔 수 있는 시장을 찾기 위해 무선 메시지 서비스를 이용하는 방식을 한번 보셔야 합니다. 아니면 휴대폰을 사용해 생산물 가격을 가장 잘 쳐주는 시장을 찾는 농부들의 모습이라도 말입니다. 이와 달리 자기 보너스에만 관심이 있는 임원들은 가장 훌륭한 아이디어를 실행에 옮기는 일에 완전히 집중하기 어려울 것입니다."

이 이야기는 사람에 따라 이상하게 들릴 수도 있고 당연한 애기처럼 들릴 수도 있겠지만 어쨌든 사실 여부가 입증된 이야기다.

세 번째는 재무 보고 및 기업 지배 구조와 관련된 엄격한 체제다. 이 부분에 대해 나야르는 이렇게 말한다.

"투자자들에게 가장 높은 수익을 안겨주는 것은 주주들의 손에 있는 돈이라고 생각합니다. 이 말은 곧 주주들이 회사에 투자하는 액수가 연간 총 투자액의 10~30퍼센트 이상이어야 한다는 것입니다. 그러니 주주들이 투자한 돈을 대차대조표에 계속 현금으로 남겨두는 것은 잘못된 일입니다. 대차대조표에 현금이 너무 많으면 이것을 주주들에게 돌려줘야 하기 때문입니다."

네 번째는 차입 자본 이용이다. 나야르의 설명을 들어보자.

"여기서 차입 자본 이용에 대해 언급하는 것은 부채를 너무 많이 지지 말라고 말하기 위해서입니다. 부채는 상당히 미국적인 개념입니다. 차입 자본에 대한 우리의 생각은 우리 앞에 어떤 기회가 놓여 있느냐에 따라 달라집니다. 다시 말해 빌린 돈과 그것을 이용해 얻을 수 있는 수익의 관계죠. 인도 기업들은 2~3퍼센트 정도의 이율로 빌린 미국 자본을 인도 은행에 예치해 10퍼센트의 수익을 얻을 수 있기 때문에 대차 대조표에서 차입금을 이용해 투자를 할 때는 현명하게 행동해야 합니다. 그런데 현재 세계 경제가 여전히 위기 국면에 놓여 있는 것은 사실입니다. 여러분이 사업 계획을 세우고 있다면 자금을 빌리는 비용과 여유 자금을 이용해 얻을 수 있는 이자를 비교한 뒤 차입 자본 이용을 결정하십시오. 한 가지 분명한 사실은 절대로 과도한 부채를 져서는 안 된다는 것입니다. 이 경우 프로젝트가 실패하면 회사까지 위험해질 수 있습니다."

‖ 회사 전체에서 내부-외부 리더십을 이용한다 ‖

HCL 경영진들은 최고 경영진 두 사람이 한 팀을 이뤄 회사를 꾸려가도록 했다. 다시 말해 회사 내부–외부를 각각 도맡는 2인조 경영자 개념을 받아들인 것이다. 이 방식은 최고 경영진들뿐만 아니라 조직 전체에 적용할 수 있다.

HCL의 경우 CEO인 나야르는 사외 업무를 담당하고 굽타는 사내를 책임졌다. 나야르는 이렇게 말한다.

"우리 회사의 전체적인 조직은 2인조 체계를 바탕으로 합니다. 이를 통해 제가 '대체 구조'라고 부르는 것이 생겨났습니다. 비록 보고 체계는 서로 달라도 내부–외부를 책임지는 한 쌍은 상호 보완적인 기술 세트를 구성할 수 있다는 뜻입니다. 일례로 아난트와 나는 서로 정말 다르지만 이것이 장점이 됩니다. 그는 R&D(연구 개발) 분야에서 경력을 쌓았습니다. 덕분에 기술 동향을 예견하는 능력이 저보다 100만 배나 뛰어나죠. 그를 보완하기 위해 나는 제휴 업체나 고객 관계 등 외부의 중요한 일들에 관심을 집중합니다."

몇몇 기업들과 달리 HCL은 이런 내부–외부 리더십을 조직 전체에 도입했다. 예를 들어, 인프라 서비스 부서에서는 영업 담당 부사장인 R. 스리크리슈나가 외부 업무를 맡고 납품 및 운영 담당 부사장인 C. 비제이 쿠마르는 내부 업무를 담당했다. 스리크리슈나와 쿠마르가 성공을 거둔 비결은 이들이 자기 업무를 훌륭하게 완수했을 뿐만 아니라 상대방의 업무를 돕는 데도 시간을 바쳤기 때문이다. 상대방이 지금 자기가 하는 일에 대해 잘 알 것이라고 믿었기 때문에 가능한 일이었다.

조직 체계 부분에서도 HCL은 내부-외부 2인조가 또 다른 2인조에게 보고를 하도록 조직을 구성했다. 회사는 성공을 보장하기 위해 상호 보완적인 2인조를 찾아내는 것이 얼마나 중요한지 강조한다.

HCL의 2인조 체제는 팀워크를 활성화하는 데 중점을 둔다. 쿠마르의 말이다.

"우리는 이들 각자가 가지고 있는 장점을 신속하게 확인합니다. 이들 사이에는 세심한 균형이 존재합니다. 또 상대방의 업무를 대신 처리하라는 요구를 받을 수도 있기 때문에 그 사람이 수행하는 역할에 대한 신뢰와 존중을 기반으로 기업 문화가 조성됩니다."

그래도 결국 중요한 것은 결과다. 쿠마르는 이렇게 설명한다.

"상급 리더들은 공통된 목표를 가지고 있는데, 이 목표는 우리가 협력하는 방식과 관련해 많은 시너지 효과를 발휘합니다. '음과 양'의 성격을 지닌 2인조는 대개의 경우 6가지 기준(영업, 판매량 증가, 수익성, 서비스 품질, 고객 만족도, 지속적인 개선)에 따라 평가를 받는데, 각 기준의 상대적인 가중치는 상황에 따라 달라집니다. 외부 경영진의 경우 고객 매출이 중요하고 납품 담당 리더의 경우에는 납품 만족도가 훨씬 중요하게 고려되는 식입니다."

이 조직이 훌륭한 성과를 올릴 수 있었던 것은 무엇 때문일까? 모든 리더들의 상호 존중 문화, 각자가 기여하는 부분에 대한 인정, 그리고 그들 대부분이 오랜 기간 함께 일해왔다는 점 등이 주요 원인일 것이다. 쿠마르는 투명성을 강조하는 기업 문화가 조직 전체에 퍼져 효과적인 팀워크를 강화하는 상호작용의 문화를 만들어냈다고 강조한다.

이 회사에 장기 근속한 이들에게는 이 모든 것이 당연한 일이 겠지만 외부에서 새로운 인재를 영입할 경우 상황이 달라질까? 사내 경영을 담당하는 쿠마르는 이렇게 설명한다.

"우리는 회사에 새롭게 합류하는 이들이 리더십 문제를 겪는다는 사실을 잘 압니다. 하지만 이들이 성공하는 데 필요한 멘토링 시간을 충분히 가지지 않는다면 회사 전체의 성장이 저해될 것이라는 사실 또한 잘 알고 있습니다."

가족 같은 사람들

이런 훌륭한 동지애가 실제로 존재한다는 것은 믿기 어려운 일이지만 엄연한 사실이다. HCL의 2인조 경영 방식에는 가족적인 요소가 깃들어 있다. 특히 이들의 관계는 오전 9시~오후 5시까지의 정상 근무 시간이 끝난 뒤에도 계속 이어지는 경우가 많기 때문에 그런 특징이 더욱 두드러진다. "우리는 다른 직원들과 그 가족들까지 지원하는 경우가 많은데, 특히 곤란한 문제가 생겼거나 병을 앓는 경우에는 더욱 든든한 지지를 보냅니다"라고 굽타는 설명한다.

‖ 이사회에 꼭 필요한 전문가들을 고루 배치한다 ‖

다른 블루 프린트 컴퍼니들과 마찬가지로 HCL의 이사회에도 투자자와 경영진만 포함되어 있는 것이 아니라 꼭 필요한 전문가들이 조화롭게 배치되어 있다. HCL의 경우 10명 가운데 6명이 다른 회사 출신이다. 두 명은 회계 분야 전문가들이고 한 명은 맨손으로 IT 기업을 키우며 수많은 실패와 성공을 겪은 기업가이다. 그런가 하면 콜 센터 전문가도 있다. HCL은 이 이사들에게 대답하기 어렵고 심층적이며 실생활과 밀접한 관련이 있는 질문을 던지고, 경영진은 그 질문에 답할 수 있기를 바란다.

지속적인 지수 성장을 위한 HCL의 블루 프린트

매출 10억 달러를 달성할 확률은 1억 달러 매출을 달성할 확률과 거의 비슷하다. 미국에서 매출 10억 달러를 돌파한 기업들 가운데 계속해서 성장을 거듭해 매출 100억 달러에 도달한 기업은 단 5퍼센트뿐이다.

우리 여정의 다음 구간을 생각하는 동안, 나야르는 굳이 이 확률에 대해 깊이 생각하려 하지 않는다.

"투자자들은 재정적인 부분에서 성공을 평가하려는 경향이 있지만 우리의 목표는 매출 100억 달러가 아닙니다. 저는 우리 회사가 자동적으로 그 지점에 도달할 수 있을 것이라고 믿습니다. 이런 확신을 가지는 것은 그곳까지 가고자 하는 계획을 세워뒀기 때문이 아니라, 우리가 사업을 수행하는 방식 때문입니다. 게다가 우리 회사가 거대한 규모 때문에 유명해지는 것은 원치 않습니다. 고객과 직원을 위해 창출하는 가치 때문에 이름을 떨치게 되기를 바랍니다."

매출 10억 달러를 넘어 지수 성장을 계속하려면 무엇이 필요할까? 나야르는 이렇게 단언했다.

"우선 '부피' 중심성과 대조되는 '가치' 중심성에 초점을 맞춰야 하는데, 저는 이것이 서로 반대되는 시각이라고 생각합니다. 저는 우리 회사 직원들에게, 고객을 위한 중요한 가치를 창출하지 못하는 부피 중심적인 아이디어에 집중하고 싶은 사람은 사무실에 발도 들여놓지 말라고 얘기합니다. HCL에는 이 회사의 규모에 흥분하는 사람이 아무도 없습니다. 중요한 것은 고객들에게 제공하는 품질과 서비스입니다."

나야르의 이야기는 계속 이어진다.

"일례로 HCL 내에는 규모가 매우 작은 사업부가 하나 있는데, 이 부서는 고객의 모든 업무 프로세스와 소프트웨어 애플리케이션 및 인프라 계층을 종이 한 장에 자동으로 표시할 수 있는 혁신적인 툴을 개발해 업계의 격찬을 받았습니다. 이 혁신적인 툴은 고객들이 사업 운영을 위해 거미줄처럼 뒤얽힌 프로세스와 시스템을 사용하고 있다는 사실을 곧바로 증명했습니다. 이 부서의 총매출은 5천만 달러가 채 안 되지만 HCL 테크놀로지의 최우수 부서로 지정되었고 온갖 상이란 상을 다 휩쓸었습니다. 여러분이 성공할 수 있는 유일한 방법은 시장에 대해 남들과 반대되는 시각을 취한 뒤 그 관점을 더없이 훌륭하게 실행에 옮기는 것뿐입니다. 이것이야말로 성공에 있어 무엇보다 중요한 요소입니다."

매출 10억 달러를 넘어 지속적인 지수 성장을 이루는 데 필요한 두 번째 기초 단위는 '신뢰의 덮개를 펼치는 것'이다.

"사업 관계에 신뢰가 빠져 있는 경우가 종종 있습니다. 사람들은 서로 믿을 수 있는 제휴 관계를 간절하게 원합니다. 경제와 정치를 위협하는 부정적인 세력들 때문에 전 세계가 위기에 처하는 일이 늘어남에 따라 신뢰는 갈수록 관계 형성의 기준이 되어가고 있습니다. 여러분이 신뢰를 약속하는 업계에 몸담고 있고 또 '나를 믿으라'고 진지하게 말할 수 있다면, 훌륭한 업무 관행이라는 측면에서 정말 적절한 위치에 있는 것입니다. HCL은 융통성을 가지고 있고, 무엇보다 관계자, 고객, 직원, 주주를 대할 때 투명한 모습을 보임으로써 신뢰의 덮개를 펼치고 있습니다."

셋째, HCL은 '직원 주도적인 이니셔티브'를 강조한다. "직원을 최우선으로 하는 가치 영역만이 우리를 폭발적인 성공의 길로 이끌어줄 수 있다"고 나야르는 말한다. 예컨대 최근 이 회사는 정보 기술 업계 사상 가장 규모가 큰 기업 인수를 단행했다. 7억 달러를 지불하고 회사 매출의 50퍼센트를 미국, 호주, 중국 등지에서 벌어들이는 영국 기업 액슨(Axon)을 인수한 것이다. 그는 이렇게 말한다. "합병이 성공적으로 이루어질 수 있었던 것은 직원 존중을 무엇보다 중요시했기 때문입니다. 우리는 그들의 본질적인 모습과 하는 일, 업무 방식을 존중합니다. 이 직원들은 비범한 수준의 업무 실적을 올리는 사람들이었기 때문에, 그런 존중을 통해 회사도 성장할 수 있었습니다. 신뢰가 일궈낸 성공인 것입니다."

10억 달러 매출을 달성한 뒤에도 지속적인 지수 성장을 이루기 위한 네 번째 요소는 '가치 제안의 중단'이다. HCL은 몇 년 전에 신설된 원격 인프라 관리 사업부가 새로운 차원의 단절을 겪어야 한다고 생각했다. 다시 말해 작년에 제안한 가치는 이미 시대에 뒤떨어진 낡은 가치가 되었다는 얘기다. 고객의 요구와 경쟁자들보다 한 발 앞서 나가기 위해 다시 한 번 진화해야 한다. 예를 들어, HCL은 노스캐롤라이나 주 롤리(Raleigh)에 헬프 데스크 본부를 세우고 국외에서 만들어진 솔루션을 미국 국내에서 보완하기 위해 미국인 직원들을 채용했다.

다섯 번째 요소는 '신규 시장'이다. 나야르는 HCL은 IT 아웃소싱 시장 전체를 타깃으로 하기는 하지만, 그래도 "유럽 대륙 등의 지역에서 새로운 기회를 찾고 글로벌 공급 같은 최신 비즈니스 모델에서 특기할 만한 부분이 무엇인지 알아내려고 계속 애쓰고 있다"고 말한다. 이 때문에 HCL은 현재의 비즈니스 모델을 매출 분배를 강조하는 모델로 바꾸고자 한다. "그래야 위험도 보상도 우리 파트너나 고객들과 함께 나눌 수 있습니다"라고 나야르는 설명한다. 예컨대 고객이 시스코 제품이나 컴퓨터 어소시에이츠(Computer Associates)의 보안 제품을 구입하면 HCL이 그에 대한 로열티를 받는 식이다.

‖ 계속해서 진화하는 블루 프린트 ‖

블루 프린트는 발전을 위해 만들어졌으며 2005년에 시작된 HCL의 블루 프린트도 바로 그것을 위해 존재한다. 계속해서 늘어나는 HCL의 글로벌 시장에 적용할 수 있도록 다시 만들어진 새로운 블루 프린트는 확장성이 크고 모듈 방식으로 구성되어 있다. 나야르는 아웃소싱 IT 산업의 미래에 대해 이야기하면서 점점 더 열의에 찬 모습을 보였다.

"2012년이 되면 아웃소싱 시장에 지출하는 비용이 250~280억 달러가량 될 것입니다. 18개월 정도 전만 해도 이 분야에는 단 두 개의 하위 분야만이 존재했는데 하나는 애플리케이션 소프트웨어이고 다른 하나는 비즈니스 프로세스 아웃소싱 서비스였습니다. 대부분의 사람들은 인프라 관리도 이 가운데 하나에 속한다고 생각했습니다. 하지만 그것은 잘못된 생각입니다. 그래서 우리는 원격 인프라 관리라는 새로운 하위 분야를 만들었고, 이것은 보안 및 규제 준수와 관련해 수많은 업계를 누비면서 새로운 기회를 안겨주었습니다. 이 업계의 전체 매출 규모는 약 1천억 달러이고 그 가운데 역외 부문이 차지하는 부분은 280억 달러 정도 됩니다. 이는 3~4년 전까지만 해도 그 형태조차 확실하지 않았지만, 원격 인프라 관리가 새로운 산업 분야라는 증거입니다."

그는 또 "블루 프린트는 앞으로 10년 동안 우리 회사의 지수 성장을 위한 기본 틀이 될 것"이라는 말도 덧붙였다(그림 9 참조). 뉴욕의 하버드 클럽에서 열린 7대 원칙에 대한 공개 토론회를 마치고

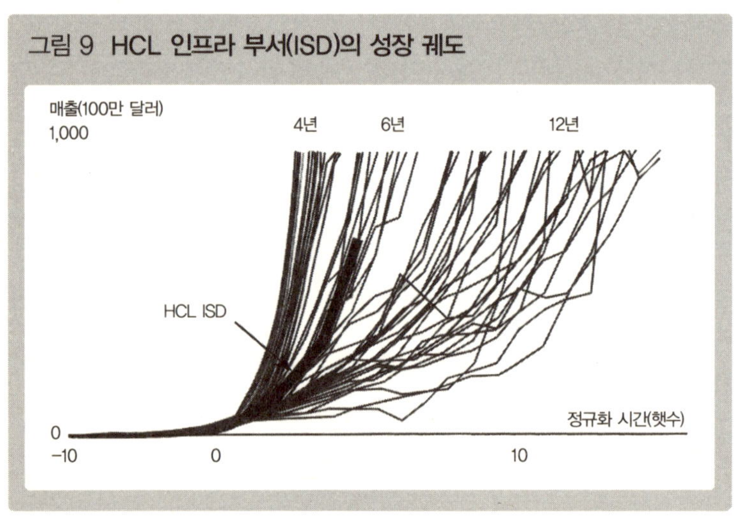

그림 9 HCL 인프라 부서(ISD)의 성장 궤도

자료 출처 : 스탠더드 앤 푸어스 컴퓨스태트, 블루 프린트 분석

나야르와 HCL 블루 프린트의 진화에 대한 이야기를 나누던 중, 그가 맞춤형 솔루션이 너무 많아지는 바람에 서비스 비즈니스 모델이 복잡해져 회사가 관리 대역 문제에 부딪힐 가능성이 있다고 생각하는 것을 알게 되었다.

블루 프린트를 새로운 차원으로 발전시키기 위해, 나야르는 직원을 최우선으로 하는 마이 블루 프린트(myBlueprint)라는 이니셔티브에 착수했다. 지금까지 최고 경영진이 주도하던 HCL의 블루 프린트 프로그램을 반전시켜 HCL 곳곳에 흩어져 있는 내부-외부 리더들에게 2010년과 그 이후를 위한 자신들만의 블루 프린트 성장 계획을 세울 수 있는 권한을 부여했다. 나야르는 그의 혁신적인 경영 이니셔티브의 배경이 된 통찰력에 대해 다음과 같이 설명했다.

"우리는 HCL 전체에 내부-외부 리더십을 구현해 관리 대역을 고정시키기 위한 첫 번째 조치를 취했습니다. 이런 방법을 이용하게 된 이유는 스스로 운영되고 관리되는 조직을 만들기 위해서입니다. 두 명씩 짝지어 일하는 우리 회사의 리더들은 상호 보완적인 기술을 활용해 공통된 문제를 해결하거나 독자적인 결정을 내릴 수 있습니다. 그 결과 계층 시스템을 이용했을 때보다 훨씬 생산적인 회사가 되었습니다.

우리의 다음 과제는 이런 2인조 리더들을 위한 기획 메커니즘을 생성하는 것입니다. 나는 '스스로 관리 가능한 내부-외부 2인조 리더십을 능가하는 발전은 무엇일까?' 라는 가장 중요한 질문을 계속 던지고 있습니다.

그리고 그 답이 바로 마이 블루 프린트입니다. 이들 2인조 리더들은 자기 관리와 자기 기획을 뛰어넘는 성장을 이뤄야 한다는 어려운 과제를 안고 있습니다. 마이 블루 프린트는 사업 계획에 대한 새로운 패러다임을 만듭니다. 내부-외부를 나눠서 관리하는 2인조 리더들은 자기만의 마이 블루 프린트를 만든 뒤 주변의 다른 2인조 리더들과 함께 이를 검토하게 됩니다. 이런 전방위적인 검토를 통해 내부-외부 리더십 공동체—혁신자(내부), 회계 담당자(외부), 납품 담당자(내부)—를 활용해 '펼쳐놓은 책' 같은 마이 블루 프린트 계획에 자신의 아이디어를 통합시킬 수 있는 기회가 생깁니다. 이 공동체는 계획에 대해 충분히 생각할 수 있게 도와주고 최고의 인재들에게 배울 기회를 주며 고객들에게 더 가까이 다가가도록 이끌어 줍니다."

전 세계의 HCL 관련사에서 300개가 넘는 마이 블루 프린트 계획을 동시에 시작하려던 나야르는 관리 및 정보 시스템 문제에 부딪혔다. 우선 이 프로세스를 실행하는 데 중요한 4가지 필수 요소가 있었다.

❶ 내부-외부를 나눠서 관리하는 2인조 리더를 기반으로 하는 조직
체계

❷ 동료들끼리 서로 경쟁하기보다 가치를 더 높여주는 개방적인 기
업 문화

❸ 팀에 권한을 부여하는 직원 최우선 이니셔티브

❹ 소셜 네트워킹 툴을 잘 다루는 CEO

둘째, 기업의 IT 기능이 최신 소셜 네트워킹 툴을 지원해 팀들
이 각기 세운 계획을 모든 공동체와 공유할 수 있게 해야 한다. 마
지막으로 나야르는 피드백에 대해 열린 태도를 취하지 않고 자신
의 계획을 공유하지 않는 리더들은 평균 이하의 성과를 올리는 사
업부서와 관련이 있는 경우가 많다고 날카롭게 지적했다.

마이 블루 프린트 프로세스가 지닌 굉장한 장점은, 계획을 기
록하는 것이 단순히 공유만을 위한 것이 아니라 CEO가 이것을 검
토한 뒤 자기 의견을 제시하기 위해서라는 점이다. 나야르는 300
가지 계획 모두를 개인적으로 검토한 뒤 이에 대한 자기 의견을 말
하거나 개선 제안을 하거나 실행 승인을 해주었다. CEO와 경영진
의 검토가 지닌 이런 힘 덕분에 "나는 여기에 추가할 만한 가치가
없어"라거나 "나는 계획을 요약하기만 할게"라는 태도를 보이던
사람들도 2인조 리더들이 미래의 청사진을 개선하는 데 자신의 의
견을 내놓는 쪽으로 태도가 바뀌었다.

나야르는 마이 블루 프린트에 걸었던 커다란 기대에 대해 이렇게 말했다.

"300개의 마이 블루 프린트를 전부 요약한 결과가 CEO의 마이 블루 프린트이고 이것은 곧 우리 회사의 '나아갈 방향'이 되었습니다. 나는 이 프로세스를 가리켜 '마이 어낼러시스(myAnalysis)'라고 부르며, '나아갈 방향'이란 HCL의 마이 블루 프린트 전체를 요약한 내용을 바탕으로 회사가 택해야 하는 방향을 가리킵니다. 우리는 이제 CEO들의 머리에서 나온 것이 아니라 우리 고객들과 가까운 가치 영역 안에 있는 내부-외부 2인조 리더들 모두의 생각을 바탕으로 한 새로운 HCL 블루 프린트를 가지게 되었습니다."

글로벌 리더십과 영향력을 유지하려면 변화를 주도해야 한다. HCL이 매년 개최하던 블루 프린트 행사는 마이 블루 프린트 성장 계획을 소셜 네트워크를 통해 공유하는 방식으로 바뀌고 있다. 나야르는 이 혁신적인 경영 기법에 대한 자신의 생각을 털어놓았다.

"이제 걸출한 지적 리더들과 공동체가 서로의 식견을 공유하고 전달하는 장소인 페이스북(Facebook)과 트위터(Twitter)가 기업 문화 속에 편입되었다는 사실을 인식해야 합니다. 회사를 이끌어가는 위치에 있는 우리들에게 새로운 선택권이 생겼습니다. 우리가 가지고 있는 최고의 자원을 회사 외부로 전달하거나 소셜 네트워크와 통합시켜 여러분이 지금껏 상상하지 못했던 방식으로 직원들끼리 협업하도록 할 수 있습니다. 나는 5년 안에 내부-외부를 나눠서 관리하는 2인조 리더 체계와 소셜 네트워킹이 결합되어 최고의 자기 관리 및 자기 기획이 가능한 조직을 만들어낼 것이라고 믿습니다. 리더들은 자기가 얻는 지지자들에 의해 그 의미가 규정될 것입니다. 왜냐하면 이제 사람들은 정보 보호 능력이 있다거나 단순히 CEO, 또는 그룹 리더라서 따르는 것이 아니라 자기가 정말 원하는 리더를 따르기 때문입니다. 이들은 회사뿐만 아니라 상대방이나 고객에게까지 책임을 다할 수 있게 해주는 계획을 가지고 있습니다. 결국 우리 모두가 승리자가 될 것입니다."

‖ 장기적 전망 : 불경기 속에서 성장하기 ‖

2009년의 경기 침체로 인해 전 세계 기업들 대부분의 성장 속도가 느려졌다는 것은 의심의 여지가 없는 사실이다. 하지만 그것이 전적으로 나쁘기만 한 일일까? HCL은 블루 프린트라는 렌즈를 통해 경기 침체기 속에서도 기회를 찾아냈다. 2001~2003년 사이에 닥쳐온 불경기에도 HCL은 경쟁사들 대부분이 IT 고객을 7~10년 계약에 묶어놓고 계약기간을 손쉽게 조정하거나 해지할 수 없게 하는 모습을 종종 보았다. HCL이 특별한 성장 기회를 발견한 것도 바로 이 부분에서였다. 이런 불경기에도 사업을 원활히 운영할 수 있도록 융통성 있는 조항을 담은 계약서를 제시한다면, HCL은 고객들이 사고 싶어 하는 서비스를 제공하게 될 것이다.

HCL는 세계적인 경기 침체를 브레이크를 밟아야 한다는 신호로 받아들이지 않았다. 오히려 나야르는 불경기를 벗어나 회복 단계로 접어드는 시기야말로 적극적으로 투자를 늘리고 새로운 지사를 설립하며, 신규 서비스를 제공해야 할 때라고 생각했다. 이는 직관에 반하는 행동처럼 보이지만 실은 그렇지 않으며, 슬기로운 업무 방식이다.

물론 나야르는 IT 분야가 단기적으로는 힘든 시기를 겪을 것이라고 생각했다. 성장 속도가 느려지리라는 것도 충분히 예상 가능했다. 하지만 중장기적으로는 HCL이 놀라운 성장을 이루기 위한 시발점에 서 있다고 생각했다. HCL의 서비스는 사이클 타임을 단축해 사업 운영에 들어가는 수억 달러의 비용을 절감할 수 있다. 이런 신념을 바탕으로 HCL은 최근 몇 분기보다 더 많은 거래를 체결했다. 그리고 나야르는 앞으로 10년 동안에도 HCL의 성장이 계속될 것이라고 믿었다. 그의 설명을 들어보자.

"HCL은 단기적인 전망을 세우지 않습니다. 여러분이 자동차 경주를 할 때면 앞에 놓인 커브를 볼 수 있는데, 우리가 지금 보고 있는 것이 바로 그런 커브 길입니다. 커브를 돌면 그 너머에 다른 길이 있는지 아니면 막다른 곳이 나타나는지 알 수 없습니다. 숫자 계산밖에 모르는 전형적인 CEO라면 커브를 돌았을 때 막다른 골목이 나타날 확률이 50퍼센트라고 생각하기 때문에 이럴 때 브레이크를 밟을 것입니다. 우리는 지금 우리가 경주장에 와 있고 이 커브를 벗어나기 위해서는 속도를 높여야 한다고 생각합니다. 우리는 불경기를 성공적으로 돌파한 기업들을 되돌아본 결과, 실제로 이 시기에 현금을 현명하게 투자하고 선택적인 인수 합병을 실시하고 가속 페달을 밟은 기업들이 다음 성장주기의 리더가 되었음을 알게 되었습니다.

그래서 우리도 액셀러레이터를 밟았습니다. 전보다 더 많은 투자를 하기 시작했고 영업 인력도 늘렸습니다. 다른 지역으로 사업을 확대해 새로운 지사를 열었습니다. 수익 창출 속도를 높여줄 것으로 기대하는 새로운 서비스도 추가했습니다. 우리 회사의 단기 매출은 이런 계획과 별 상관이 없습니다. 우리 고객들이 당장 보고 싶어 하는 것과 비례해 바뀔 것이기 때문입니다. 하지만 중장기적으로는 고객이 'HCL, 당신들이야말로 내가 직면한 문제에 대한 해답입니다'라고 이야기하는 것을 들었습니다. 이것은 정말 누구나 듣고 싶어 할 만한 멋진 말이며, 우리가 액셀러레이터를 밟는 것도 이런 이유 때문입니다."

핵심 포인트

● HCL은 각 원칙에 부합하는 행동을 정해 7대 원칙을 모두 활용했다. 특히 가치 영역에 집중하고, 커민스 비즈니스 서비스가 HCL을 대신 홍보해준 것처럼 영향력 있는 고객들을 활용하며, 조직 전체에 내부–외부를 나눠서 관리하는 2인조 리더 체제를 도입함으로써 훌륭한 장점을 다시 정의했다.

● 비니트 나야르는 목표 자체보다는 HCL의 성장 궤도를 정의할 만한 성장을 이룰 수 있는 권한을 직원들에게 부여하는 데 집중했다. 그는 복합 성장 달성을 위한 가치와 기본 원칙에 집중하는 것이 장기적으로는 더 이득이라는 사실을 입증했다.

● HCL은 지속 가능한 성장을 이루기 위한 발판 역할을 하는 5가지 가치에 전념했다.

1. 가치 중심성
2. 신뢰
3. 직원 최우선 이니셔티브
4. 가치 제안의 단절
5. 새로운 시장

HCL은 올바른 결정을 이끌고 성장을 위한 청사진을 마련해주는 가치를 정의하는 것이 가능하다는 사실을 증명했다.

뜻밖의 조사 결과

- HCL 설립자인 쉬브 나다르는 HCL 테크놀로지의 계열사를 설립해 또 하나의 10억 달러 기업을 만들기 위한 토대를 마련했다. 그는 여러 개의 지수 성장 기업을 설립하는 진기한 기록을 세웠다.

- 비니트 나야르는 HCL 테크놀로지의 성장 틀을 만들 때 필요한 시각적 이미지로 블루 프린트의 은유를 이용했다. 여러분도 이와 비슷한 시각적 틀을 이용해 공유 비전을 만들어 여러분의 팀에 활력을 불어넣을 수 있다.

- HCL의 계획, 즉 블루 프린트는 실행 가능한 계획이고 전사적인 프로세스이며 끊임없이 진화한다. 나야르는 블루 프린트 체제를 위해 HCL의 모든 직원들에게 권한을 부여하고 협력을 얻어내는 일에 중점을 뒀다. 그는 회사의 모든 리더들이 블루 프린트에서 자신에게 할당된 몫을 책임지고 수행하도록 했다. HCL은 다른 기업들도 장기적인 성장을 촉진하기 위해 자신들과 비슷한 블루 프린트 체제나 리더십 운용 방식을 개발하고 적용할 수 있음을 증명한 글로벌 리더 기업이다.

- 아시아 기업들도 미국에서 가장 놀라운 성장을 이룬 기업들과 똑같은 성장 원칙을 적용하고 있다. 7대 원칙은 보편적이고 세계 어디서나 적용 가능한 원칙이다.

PART 4

고성장 달성을 위한 청사진

우리는 통찰력을 기업 성장에 적용 가능한 행동으로 전환한다.

7대 원칙 실행을 위한
실천 계획 수립

우주 왕복선은 플로리다의 케이프 케네디(Cape Kennedy)에서 발사 태세를 갖추고 있었다. 우주 비행 관제센터는 우주선 수직 이륙에 필요한 모든 시스템을 점검했다. 연료 온도와 압력도 정상이었고 항법용 계기도 점검했으며 승무원들은 탑승을 완료했고 날씨도 맑게 개었다. 중요한 기능은 모두 모니터링하고 있었다. 3⋯⋯ 2⋯⋯ 1, 그리고 마침내 엔진 점화 장치에 불이 붙었다.

우주 왕복선이 중력장을 벗어나기 위해서는 초당 11,186미터, 혹은 시간당 40,233킬로미터라는 엄청난 속도에 도달해야만 한다. 이 과정에서 시스템의 모든 부분이 상상할 수 없을 정도로 어마어마한 압력을 견디게 된다. 궤도 진입 과정은 매끄럽게 이루어지는 것처럼 보이지만 우주선에 타고 있는 사람들이 느끼는 진동은 굉장하다. 그래도 중요한 한계점이 지나면 몸을 짓누르는 느낌도 줄어들고 우주 비행사들은 무중력 상태의 즐거움을 만끽할 수 있다. 그리고 이제 우주선 승무원들이 관제센터에서 하던 작업의 상당 부분을 인계받는다. 지상에 있는 팀은 우주 왕복선의 비행 경로를 추적하거나 시스템을 모니터링하거나 계획에 문제가 생길 경우에 자동으로 수정할 수 있는 사전 계획을 세워놓는 등 새로운 역할을 수행해야 한다.

우리는 주니퍼 네트웍스의 스콧 크리언스 같은 최고경영책임자(CEO)를 통해 탈출 속도라는 용어를 들었는데, 그는 회사 설립 초기의 놀라운 매출 성장 덕분에 중소기업이던 자기 회사가 비범한 성장이 가능한 빠른 성장 속도를 지닌 기업으로 신속하게 변신할 수 있었다고 설명했다. 크리언스의 이런 통찰력은 과거를 되돌아보면서 자기 회사의 성장 과정에 대해 이야기하는 CEO들에게서 자주 볼 수 있는 모습이다. 아루바 네트워크의 CEO인 도미니크 오르도 탈출 속도에 대해 이야기하면서 폭발적인 속도와 신중한 속도의 비유를 사용했다.

매출 성장이 탈출 속도에 다다르고 그 뒤에 남다른 성장을 위한 궤도에 진입할 수 있는 성장 속도를 유지하기에 가장 알맞은 입지를 차지하려면 정확히 어떻게 해야 할까?

여러분의 회사가 매출 100만 달러나 2천만 달러, 1억 달러, 혹은 5억 달러 정도의 중소기업이라 하더라도, 7대 원칙은 우주 왕복선의 발사 절차나 계기처럼 여러분의 회사가 하늘로 가파르게 솟구쳐 오르도록 도와주는 도구다. 또 날씨가 거칠어지고 심한 난기류가 발생했을 때 취해야 하는 조치에 대해 자세히 알려주기도 한다. 여러분 입장에서는 다행스럽게도, 이런 관리 방식은 미국에서 가장 비범한 성장을 이룬 기업들이 오랜 세월 불경기와 호경기를 거치면서 사용하여 그 성능이 보장된 것들이다.

7대 원칙 각각에 맞는 검증된 실행 방법들을 살펴보자. 얼핏 보기에 이 방법들이 너무 어렵게 느껴질 수도 있다. 하지만 여러분의 민첩함과 독창성, 그리고 고객과 경영진, 이사회, 직원 들의 효과적인 피드백과 7대 원칙 채점표가 더해진다면 그리 어려운 일만도 아니다. 내가 보장하겠다! 여러분은 앞서 살펴본 HCL의 블루 프린트 사례에 푹 빠져 있으니만큼 이번에는 변곡점을 향해 다가가고 있는 중소기업의 실제 사례 연구를 살펴보는 것이 7대 원칙 적용 방법을 설명하기에 가장 좋은 방향일 듯하다. HCL 테크놀로지보다 규모는 훨씬 작지만 이 회사도 성장을 위한 청사진으로 7대 원칙을 이용하면서 HCL의 발자취를 따라가고 있다.

‖ 일찍부터 7대 원칙의 장점을 이용한 어드밴티지 프레셔프로 ‖

고성장을 이루려는 기업이나 사업 부서가 규모가 작은 경우, 이들이 새로운 시장에 진출하거나 영향력 있는 고객의 신뢰를 얻기 위해서는 대기업의 도움이 필요하다. 나는 규모 면에서 이렇게 비대칭적인 모습을 보이는 제휴 관계를 가리켜 형–동생 제휴 관계라고 부른다. 규모가 큰 회사는 자기들보다 작은 회사가 시장에서 신뢰를 얻도록 도와주거나 중요한 시장 정보를 제공하거나 영향력 있는 고객에게 소개시켜주기도 한다.

하지만 이런 관계가 실제 업무에서 효과를 발휘하는 것은 이것이 양쪽 모두에게 도움이 되는 관계이기 때문이다. 형 역할을 하는 기업도 혁신의 최첨단에 머무르거나 새로 등장한 시장을 따라잡거나 포트폴리오의 빈 부분을 메우기 위해 동생 기업이 필요하다. 특히 경기가 안 좋을 때는 아무리 대기업이라도 혼자 힘으로 필요한 모든 것을 만들어낼 수가 없다. 또 이들의 제품 포트폴리오에는 반드시 중소기업을 통해 채워야 하는 부족한 부분이 있게 마련이다. 독특한 방법으로 포트폴리오의 부족한 부분을 메우는 과정에서 매우 소중하고 활용도 높은 제휴 관계가 형성된다.

자동차와 트럭의 타이어 공기압을 확인하는 무선 모니터링 시스템을 제작해 자동차 부품 시장에서 판매하는 어드밴티지 프레셔 프로의 2009년 연구 사례를 보면, 형–동생 기업끼리의 제휴 관계가 이 작은 기업의 성장 기회를 촉진하는 초석으로 작용했음을 알 수 있다. 이 회사의 설립자 겸 CEO인 필 자루어는 그 작은 개인 회사가 어떻게 모든 운송 회사와 미국 정부에 없어서는 안 될 존재로 성장했는지 들려준다. 자루어가 이끄는 어드밴티지 프레셔프로는 모든 종류의 차량에 무선 타이어 공기압 모니터링 장치를 설치해 세상의 모든 자동차와 트럭이 최적의 공기압으로 굴러갈 수 있게 하겠다는 10억 달러짜리 계획을 품고 있다.

타이어 공기압이라고? 뭐 그런 시시한 걸 가지고 호들갑을 떠느냐고 생각할 수도 있다. 하지만 최적의 타이어 공기압은 연비와 타이어 마모, 안전의 기본이다. 그러니 비록 규모는 작지만 이 회사도 10억 달러 매출을 올릴 가능성이 있다고 말할 수 있다. 잡지 표지에 소개된 뒤, 자루어는 클린 에너지에 투자하고 21세기에 미국이 혁신적인 엔진을 제작하도록 지원하는 다양한 분야의 기업과 조직들의 모임인 상원 민주 조정 및 구제 위원회 사람들과 만나게 되었다.

펑크 난 타이어처럼 경기가 부진하던 시기에도 이 타이어 공기압 회사만큼은 꾸준히 성장할 수 있었던 저력은 어디서 생긴 것일까? 자루어가 7대 원칙에 대한 이해와 응용, 완벽한 실행에 대해 열정을 가지고 있었기 때문에, 이 회사에는 남들과 상당히 다른 차이가 생기게 되었다. 내가 필 자루어를 만나러 갔을 때, 그는 미주리 주 서부의 작은 도시에 있는 어드밴티지 프레셔프로 본사로 오라고 하는 대신 러시아와 폴란드에서 찾아온 판매 대리점 사람들과 함께 우리 부부를 저녁 식사에 초대해주었다. 덕분에 우리는 7대 원칙에 대한 자루어의 열정과 7대 원칙이 그의 회사를 기하급수적인 성장 궤도에 올려놓게 된 과정 등에 대한 이야기를 나누면서 저녁시간을 보낼 수 있었다. 작은 중소기업으로 시작했지만 자루어는 뛰어난 성장을 달성해 3년 내에 변곡점에 도달하였고 5천만 달러의 매출 달성을 눈앞에 두었다. 그리고 놀라운 혁신의 배경이 된 그의 "원칙적 사고방식"에 대해 들려주었다.

"우리는 처음 사업을 시작하던 무렵에 연비를 극대화하고 타이어 마모를 줄이며 안전성을 높이는 기본 토대는 적절한 타이어 공기압이라는 사실을 알게 되었습니다. 운송 시장(모든 종류의 차량이 포함된)은 세계에서 규모가 가장 큰 시장 가운데 하나입니다. 이 거대한 시장 안에서 각 시장 세그먼트의 요구를 평가하던 중에 우리는 매출 10억 달러 달성의 첫 번째 기회를 발견하게 되었습니다. 가장 많은 비용을 지출하는 부분이 연료, 타이어, 인건비인데, 우리는 타이어 공기압이 이 부분이나 여기에서 발생하는 모든 비용에 잠재적인 영향을 미친다는 사실을 깨달았습니다. 또 상품 판매 후에도 설치 가능하고 기존 차량에도 손쉽게 설치할 수 있는 제품을 만들어야 한다는 사실도 알았습니다."

미국 교통부에서는 낮은 타이어 공기압 때문에 미국에서 해마다 20억 갤런의 연료가 낭비되고, 258억 킬로그램의 탄소가 불필요하게 배출되며, 불규칙한 마모 때문에 때 이르게 폐기되는 타이어가 5,800만 개에 달한다고 발표했다. 이런 수치는 어드밴티지 프레셔프로가 수십억 달러의 매출을 올릴 기회가 존재한다는 증거다.

자루어의 이야기는 계속된다.

"알맞은 타이어 공기압의 뛰어난 장점이 무엇인지 파악하려고 미국에서 가장 규모가 큰 운송업체 몇 곳의 운영진들과 인터뷰를 했습니다. 그리고 '트럭이 계속 달릴 수 있고 도로에서 고장 나는 경우가 적어지며 보험료가 줄고 안전성이 커진다. 또 신뢰성이 높아지고 차량 안정성, 조종, 제동 능력이 향상되며 타이어 수명이 길어지고, 연료비가 절감된다' 는 말을 들었을 때 프레셔프로가 이 업계에 미칠 수 있는 영향력을 인지했습니다. 솔직히 말해 정말 엄청난 깨달음이었습니다. 또 우리 어드밴티지 프레셔프로 제품을 텔레매틱스(telematics) 제품과 통합하면 차량 상태를 원격으로 감시할 수 있게 되어 경제적으로 힘든 시기에도 효율성과 가치를 높일 수 있기 때문에 운송 회사들에게 유례 없는 이익을 안겨줄 수 있다는 사실도 알게 되었습니다."

회사 규모는 작지만 큰 시장에서 성공하려고 애쓰는 자루어는 형 역할을 해줄 기업과 제휴를 맺으면 다른 부분에까지 영향력을 미칠 수 있다는 사실을 알았다. 그는 공급 부분과 시장으로 진출할 통로를 찾는 데 동맹 관계를 활용했다. 공급 부분에서는 제너럴 일렉트릭(GE)이 어드밴티지 프레셔프로 시스템에 사용되는 센서 칩을 만들었다. 미시간 주에 있는 렉스트로닉스(Lextronix)는 회사의 개발 및 생산 업무를 처리해주었다.

자루어는 어떻게 GE를 잠재적인 제휴 파트너로 점찍을 수 있었을까? 그는 미리 충분한 검토를 거쳤다.

"저는 GE가 우리 회사에서 필요로 하는 것보다 더 다양한 종류의 센서를 만든다는 사실을 알고 있었습니다. 대부분의 타이어 공기압 센서는 타이어 안쪽에 부착되지만 우리는 밸브 스템에 부착할 수 있는 센서가 필요했습니다."

그는 또 GE의 센서 사업부가, 회사가 발을 들여놓은 모든 사업 분야에서 1, 2위를 해야 한다는 회사 목표를 달성하기 위해 필요한 매출인 10억 달러의 근처에도 다다르지 못했다는 사실도 알고 있었다. 자루어는 이렇게 설명한다.

"우리가 요구하는 방식은 GE의 센서 사업부가 매출 격차를 좁힐 기회를 제공할 수 있었습니다."

자루어의 제품 전략은 타이어 밸브 스템에 고정시킬 수 있어 설치가 쉬운 무선 타이어 모니터 어댑터를 만드는 것이었다. 이 회사는 운전자들을 위해 다른 회사에서 만든 텔레매틱스 제품과 서로 연결시킬 수 있는 무선 공기압 모니터 디스플레이도 개발했다. 이런 통합 덕분에 자동차 공기압을 원격으로 감시할 수 있게 되었고, 경제적으로 힘든 시기에도 효율성과 가치를 높일 수 있다.

자루어는 워싱턴에 있는 차량 유지 보수 소프트웨어 업체인 스퀘어 리거(Square Rigger)나 자산 추적 애플리케이션을 판매하는 플로리다의 기술 회사인 트랜스모빌(Transmobile) 같은 30개 이상의 회사와 제휴를 맺어 공급 부분의 동맹 관계를 보완했다. 자루어는 이렇게 말한다.

"자체 영업 인력을 고용하지 않아도 우리 파트너들이 우리 회사의 기술을 자사 제품 라인에 통합하고 있습니다."

그 결과 수백 곳의 판매처를 통해 매상 총이익이 높아졌다. 이것은 제휴 파트너 제품 라인의 빈 곳을 메워주면 오랫동안 지속되는 형-동생 제휴라는 윈-윈 관계의 토대가 형성되어 매출은 늘어나고 영업 및 마케팅 비용은 줄어든다는 사실을 실증한다.

이러한 성과 속에서도 자루어는 글로벌 비즈니스 개발에 대한 생각을 멈추지 않았다. 자루어의 설명이다.

"우리 회사의 텔레매틱스 파트너가 매출 성장에 불을 붙일 영향력 있는 고객으로 자리 잡고 있었습니다. 우리는 전 세계로 활동 무대를 넓혀 남아메리카, 동유럽, 중국, 인도에 시장을 구축하고 고객들의 요구를 확실히 만족시키기 위해 새로운 제품 라인과 시장 세그먼트로까지 사업을 확장했습니다."

7대 원칙은 프레셔프로의 성장을 촉진하는 지렛대 효과를 일으켰다. 자루어는 7대 원칙끼리의 건설적인 상호작용 효과에 대해 다음과 같이 설명한다.

"우리 회사의 성장은 전 세계에서 가장 규모가 큰 유통 회사—즉, 매출을 늘려주는 영향력 있는 고객—몇 곳의 관심을 끌었습니다. 덕분에 판매량이 크게 늘고 제품 가격은 낮아져 성장이 한층 더 빨라졌습니다. 무엇보다 좋은 점은 플러스 현금 흐름이 개선된 덕분에 영업사원과 직원, 관리자 수를 늘리고 의욕적인 신제품 개발 프로그램을 지원할 수 있게 되었다는 것입니다. 경영진들은 이제 외부 상황에 수동적인 반응만 보이는 것이 아니라 장기적인 성장을 보장하기 위한 성장 계획을 세우고 실천에 옮길 수 있게 되었습니다.

우리 회사는 원칙적으로 완벽할까요? 결코 그렇지 않습니다. 조화롭고 보다 공식적인 이사회를 구성할 수 있도록 놀라운 성장을 달성한 기업의 경영진들이나 고객, 제휴 파트너 등이 포함된 이사진을 모집해야 합니다.

우리는 아직 배워야 할 것이 많지만 그래도 계속 상승세를 타고 있습니다. 지금은 매출 5천만 달러라는 성공의 첫 번째 단계에 도달하려고 애쓰고 있는데, 아마 2011년 말경에 이 목표를 달성할 수 있을 듯합니다. 그리고 7대 원칙의 안내를 받으며 여기서 더 나아가 연료 소비량, 탄소 배출량, 타이어 마모 등에 눈에 띄는 영향을 미칠 수 있는 매출 10억 달러의 '중소기업'이 되고자 합니다. 이런 중요한 부분에서 환경 보호에 일조한다면 공익에도 기여할 수 있을 뿐 아니라 기분도 매우 좋을 것입니다!"

‖ 매출 성장 원칙 재정립 ‖

원칙 1 : 혁신적인 가치 제안을 하고 그것을 유지한다

모든 성장 사업의 토대를 특징짓는 원칙은 "뛰어난 가치 또는 장점 제공"이다. 이 첫 번째 원칙에 다시 귀 기울이면 여러분의 회사를 경쟁사들과 확실하게 차별화할 수 있는 가치가 무엇인지 알게 된다. 이것은 고객에게 여러분의 제품이나 서비스가 더 좋아 보이도록 만드는 장점이기도 하다.

이것은 간단한 일처럼 들리지만 사실 실행하기는 어렵다. 특히 경기가 침체기일 때는 더하다. 이 시기에 고객들은 자신의 필요를 다시 정의하고 그에 따라 자기가 원하는 중요한 장점에 대해서도 생각을 재정립한다. 예를 들어, 사람들이 중시하는 가치는 시간 절약 중심의 가치에서 철저한 비용 절감 중심의 가치로 확실하게 바뀌었다. 불경기에는 그저 그런 품질이나 고객 서비스에 숨겨진 비용을 쉽게 넘기는 고객이 별로 없다. 어드밴티지 프레셔프로의 사례 연구에서 CEO인 자루어는 자원 가용성, 경제성, 클린 에너지와 자원 낭비(타이어와 연료)라는 측면에서 환경에 기여하는 사회적 책임을 통해 얻을 수 있는 이익에 초점을 맞췄다. 불경기에는 고객들이 제한된 자원이나 자본을 사용할 수 있는 선택권이 늘어나거나 지출을 아예 삼가는 경우가 많으므로 보다 확실하고 정량화가 가능한 이익을 안겨줘야만 한다. 고객이 선택 가능한 옵션이 하나뿐이라면 지출을 미루게 될 것이다.

여기서 얻을 수 있는 교훈은 명확하다. HCL의 비니트 나야르와 어드밴티지 프레셔프로의 필 자루어가 성공적으로 해낸 것처럼, '가치 영역'을 다시 정의하는 데 있어 고객과의 인터뷰가 얼마나 중요한지 과소평가해서는 안 된다. 회사가 제품과 서비스를 혁신하고 있다 하더라도 고객이 쉽게 체감할 수 있는 이익을 혁신적으로 재정립하는 데 많은 시간과 에너지를 쏟아야 한다. 이 말은 사외 경영을 담당하는 경영진이 고객과의 인터뷰 및 경쟁사 평가에 집중해야 한다는 뜻이다. 고객은 변화를 원하기 때문에 제품과 서비스, 회사의 뛰어난 장점을 꾸준히 재정립하는 것이 사업 성공에 필수적이다.

불경기에 뛰어난 이익을 제공하는 데 필요한 새로운 언어로 고객들에게 효율적으로 메시지를 전달하려면 먼저 훌륭한 청취자가 되어 고객의 목소리에 귀 기울이고, 회사의 사업 목표와 고객의 니즈를 재조정하기 위해 최선의 노력을 다해야 한다. 여러분의 연구 개발 및 투자 전략을 고객의 요구에 맞춰 수정하자.

고객의 시각을 통해 여러분이 제공할 수 있는 뛰어난 장점을 다시 정의했는가?

여러분 회사의 가치 영역을 다시 정의하기 위해 고객에게 제공해야 하는 뛰어난 장점이 무엇인지 고객들의 입을 통해 직접 듣자. 이들의 이야기를 귀 기울여 듣고 이들이 내세우는 이론적 설명과 단어를 이용해 다른 고객들에게 비슷한 장점을 홍보한다. 내가 "경험 이익"이라고 부르는 것에 관심을 집중한다. 우리는 기업이 제공 가능한 이익을 제품·서비스, 지역, 경험으로 분류할 수 있다는 사실을 알아냈다. 스타벅스가 자신들을 "제3의 장소"(집과 직장의 뒤를 잇는)라고 주장하는 것처럼 여러분의 사업과 고객의 사업을 통합시킬 수 있는 경험적인 이점을 제공해야 한다. 여러분 회사와 고객 사이의 프로세스를 합리화해서 함께 일하는 데 들어가는 비용을 절감한다. 여러분이 속한 업계의 다른 리더 기업이나 다른 업계에서 어떻게 비용을 절감하고 가장 좋은 아이디어를 받아들이는지 살펴보자.

여러분 회사의 뛰어난 장점을 제휴 파트너와 함께 테스트하는 것도 시장 정보를 얻을 수 있는 또 하나의 중요한 원천이다. 어드밴티지 프레셔프로의 형-동생 제휴 파트너 관계를 통해 확인했듯이, 포트폴리오의 눈에 띄는 빈자리를 독창적이고 매우 가치 있는 방식으로 메워주면 새로운 시장이나 지역으로 진출할 수 있는 좋은 기회가 생긴다.

회사의 장점을 확대할 수 있는 기회는 어디에 있는가?

경기나 시장 상황이 안 좋을 때는 특히 제품 라인을 확대해 기존 고객의 지갑 점유율을 높이고 새로운 시장에서 새로운 고객을 확보할 수 있는 기회를 잡아야 한다. 이 기간은 제휴사와의 관계를 활용하거나 목표로 했던 기업 인수를 단행하거나 에뮬렉스의 경우처럼 B계획(매출 10억 달러 달성을 위한 혁신)을 위한 제휴를 체결해 회사 포트폴리오의 빈자리를 메울 절호의 기회다. 제품 라인을 확대하면 최고의 고객들이 그 제품을 구입하기 위해 더 많은 돈을 쓰게 되므로 성장 기회가 생긴다. 또 다양하게 선택할 수 있는 제품군을 갖추고 있으면 다양한 잠재 고객들의 흥미를 끌 수 있다.

테스트와 투자를 신속하고 효과적으로 진행할 수 있는가?

신속하게 혁신을 이루고 그 결과물을 테스트해야 한다. 혁신 투자의 일부를 이용해 제품 라인을 확장하거나 신속하게 강화 제품 및 신제품 견본을 만든다. 그리고 고객과 함께 테스트를 실시한다. 아루바 네트워크의 CEO 도미니크 오르의 말처럼, 일찍부터 피드백을 얻으려면 고객의 눈을 활용해야 한다. 두세 번씩 반복되는 개선 작업을 신속하게 처리하고, 폭발적인 속도를 내는 데 집중한다. 속도를 유리한 방향으로 이용하면 투자 내역을 최대한 활용하고 고객 피드백을 신속하게 받아들여 인지 가치를 극대화할 수 있다. 이것이 바로 고객이 자신의 요구를 재정의하는 시기에 다음 성장 기회를 발견할 수 있는 방법이다. 오르가 들려준 신중한 속도에 대한 비유를 이용해 다음에 찾아올 중요한 기회를 찾아낸다. 평소에 신속하게 움직이면서도 통찰력 있는 고객의 피드백에 주의를 기울이기 위해 때로는 속도를 줄이기도 해야 한다. 너무 빨리 움직이는 바람에 충분한 주의를 기울이지 못하면 10억 달러 매출 달성의 기회를 놓칠 수도 있다. 폭발적인 속도와 신중한 속도 사이에서 균형을 유지해야 한다.

‖ 매출 성장을 가로막는 장애물 치우기 ‖

꾸준한 매출 성장 달성은 경제가 어려운 시기에 가장 달성하기 어려운 과제다. 실패한 기업과 놀라운 성장을 이룬 기업을 구분하는 오르의 비유를 적용하자면, 이것이 우리의 앞길에 가로놓인 가장 큰 돌덩이이다. 영업이나 마케팅에 과도한 투자를 하지 않고도 고객의 수요를 늘리고 새로운 고객을 찾으려면 어떻게 해야 할까? 실행에 옮길 방법은 많으니 당황하지 말자. 분할 정복 전략을 사용하면 된다.

원칙 2 : 성장 가능성이 큰 시장 분야를 개척한다

여러분의 회사와 제품, 서비스가 목표로 하는 시장 분야를 다시 정의할 수 있는가?

필 자루어처럼 정보 수집에 열성을 보여야 한다. 뉴스를 탐독하고, 적절한 정부 기관과 접촉하고, 보고서를 읽고, 업계에서 손꼽히는 여러 고객들과의 인터뷰를 통해 시장 분야에 대한 통찰력 있는 시각을 모아야 한다. 그래야만 재정의된 고객 요구, 구매 의향, 뛰어난 장점, 경쟁 우위, 기회를 이용할 수 있는 회사의 능력 등으로 정의되는 기회 격차를 찾아낼 수 있다. 규모가 크고 전략을 실행하기 쉬운 부분에 우선순위를 두고 노력을 집중한다. 이것은 전략적인 행동처럼 보이겠지만 실은 해당 분야에 정통한 사람과 연계를 맺으며 통찰력을 얻고 시간과 관심이 필요한 문제 해결 프로세스를 파악할 수 있는 능력을 평가하기 위한 실용적인 노력이다. 이런 프로세스의 장점은 불확실성이 증가하는 시기에도 충분한 정보를 이용해 중요한 결정을 내릴 수 있다는 것이다.

어떤 방법을 이용해 새로운 고성장 시장 분야로 사업을 확대하고 있는가?

시장을 확대하려면 인접한 시장 분야나 지역으로 진입하는 것이 좋다. 일례로 고성능 셔츠를 만들어 팔던 언더아머는 스웨터와 반바지, 여성용 운동복 같은 다양한 스포츠웨어 분야로 사업을 다각화했으며 지금은 새로운 러닝화 라인을 출시하고 있다. 이런 모든 움직임은 회사의 중추적인 혁신을 이용한 것이며 10억 달러 매출이라는 목표를 향해 나아가도록 도와준다.

일반적으로 대부분의 비즈니스 모델에서 발생하는 비용 가운데 가장 많은 것이 영업 및 마케팅 비용이다. 성장을 위해 과잉 투자를 피하려면 영향력 있는 고객이 여러분을 대신해 홍보 활동을 해주고, 형 역할을 하는 제휴업체를 통해 새로운 시장으로 진출해야 한다. 원칙 3과 4는 매출 성장 가능성을 높이는 데 사용할 수 있는 검증된 이니셔티브다.

원칙 3 : 영향력 있는 고객을 활용해 매출 성장을 가속화한다

회사의 가장 유력한 고객을 통해 자문과 영업 활동에 도움을 받을 수 있는가?

회사에 가장 중요한 고객들을 모아 고객 자문위원회를 구성한다. 불경기에도 성장을 거듭한 기업들은 고객을 통해 자신들의 로드맵을 만들고 회사의 뛰어난 장점이 무엇인지 정의했으며 다른 고객에게 제품과 서비스를 판매하기까지 했다. 자문위원회는 특히 경기가 안 좋을 때 몰래 감춰둔 비밀 병기 역할을 할 수 있다. 여러분 회사의 우수 고객들은 경영진과 마케팅 팀, 영업사원의 임무를 대신하는 귀중한 자산이 된다. 이들은 회사의 가장 열성적인 팬이므로 그들의 타고난 열정을 잘 이용해야 한다. 이 방법을 통해 놀라운 경제적 효과까지 얻을 수 있다!

원칙 4 : 형-동생 제휴 관계를 활용해 새로운 시장에 진입한다

여러분의 회사가 형 역할을 하는 제휴 파트너의 중요한 포트폴리오에 발생한 빈자리를 메워줄 수 있는가?

텍사스 주 휴스턴 기업가 협회의 주최로 80개 회사를 모아놓고 7대 원칙 워크숍을 진행한 적이 있다. 나는 이 그룹을 위해 가장 도움이 되는 이니셔티브는 고객 자문위원회를 구성하는 것이라는 판단을 내렸다. 이를 시작하기 위한 간단한 업무 단계 목록은 다음과 같다.

1단계 : 업계나 시장에서 진보적이라는 평가와 존경을 받고 있고 여러분과 신뢰 관계를 형성한 우수 고객 몇 명(대개 5명 이하)을 선별한다. 우선순위를 정한 뒤 3~5명 정도의 고객이 포함된 간단한 목록을 만드는 일부터 시작한다. 여러분의 부족한 점을 보완해줄 고객이나 경쟁사 고객 목록을 작성하는 것도 잊지 말아야 한다.

2단계 : 각 고객을 1대 1로 만난다.
a. 그들의 관점에서 회사의 장점을 재정의하는 일을 도와줄 수 있는지 묻는다.
b. 앞으로 생길 고객들의 요구를 충족시킬 수 있는 미래의 제품과 서비스 로드맵을 정의하고 그와 관련된 문제를 함께 해결한다.
c. 커민스 비즈니스 서비스의 상무인 베른 윌슨이 HCL을 위해 해준 것처럼, 업계 포럼이나 전시회에 참석해 발표를 하거나 언론 보도문을 작성하거나 다른 잠재 고객과 얘기를 나눌 때 여러분의 회사를 홍보해줄 수 있는지 생각해달라고 한다. 이런 부탁을 할 자신이 없다면 나를 믿고 용기를 내보라. 이 고객들은 여러분의 가장 친한 친구이며 내심 여러분이 잘되기를 바라기 때문에, 이런 시기에는 특히 도움을 주고 싶어 한다! 그러니 일단 부탁부터 해보자.

3단계 : 보통 3가지 정도의 의제를 가지고 분기마다 한 번씩 간단하면서도 집중적인 회의를 개최한다.

a. 장점 : 고객의 요구와 여러분의 회사가 제공할 수 있는 이익을 함께 재정립할 수 있다.

b. 로드맵: 앞으로 몇 년(혹은 여러분 회사의 시간 지평에 따라 몇 개월이 될 수도 있다) 동안 사용할 로드맵을 정의하는데, 이 로드맵은 제품과 서비스에 대한 고객의 요구를 꾸준히 충족시킬 수 있는 방법을 알려준다.

c. 영향력 있는 고객 대상의 마케팅: 우수 고객을 제품 홍보나 적극적인 판매로 연결시킬 수 있는 방법에 대해 논의한다. 이 논의 내용은 전시회에서 제품 사용 성공담을 발표하거나 잠재 고객을 유치하거나 HCL과 커민스가 맺은 영향력 있는 고객 관계의 발자취를 따라가거나 아니면 단순히 이들이 동료에게 연락을 취할 경우 여러분이 즉각적으로 후속 조치를 취하겠다고 합의하는 등 다양한 방향으로 전개될 수 있다.

진행 과정에서 고객 자문위원회의 구성원을 계속 바꾸고 그들의 조언을 이용해 회사의 장점이나 여러 가지 활동, 신제품 등을 어떻게 다시 정의했는지 보여주는 것이 중요하다. 홍보는 상호적으로 진행되는 상황이다. 고객이 회사를 홍보해주면 회사는 고객을 위해 좋은 제품을 팔아야 한다. 고객 자문위원회를 통해 공동 광고 또는 홍보 캠페인에 대한 아이디어가 나오기도 한다.

우선 몇 명의 고객을 활용해 이 프로세스를 시작한 뒤, 다양한 지역과 시장 분야에서 활동하는 새 구성원들을 추가할 수 있다. 이 이니셔티브를 이용하면 식사 비용만 들이고도 가장 중요한 매출을 증가시키고 수익 마진을 높일 수 있다. 매우 상식적인 이야기처럼 들리겠지만 이 방법을 실제로 실행하는 회사는 드물다.

시장 상황이 안 좋을 때는 대기업들이 자사 포트폴리오의 부족한 부분을 모두 채울 수 있을 만큼 신속한 혁신을 이루는 것이 불가능하며 새로 등장한 시장을 위한 서비스와 제품에 도박을 걸기는 더욱 어렵다. 이럴 때 중소기업들이 독특한 가치 제안을 통해 대기업에 도움을 줄 수 있다. 영향력 있는 고객을 이용해 형 역할을 해줄 기업을 소개받자! 아니면 제휴업체를 이용해 전 세계로 사업을 확대할 수도 있다. 이용 가능한 시장을 넓히기 위해 국내 기업과 제휴를 맺자.

수익성 제고 및 재투자를 위한 업무 최적화

재투자할 수익이 없는 기업은 지속적인 매출 성장을 달성할 수 없다. 경제 전망이 불투명한 상황에서는 이런 현상이 더욱 심화된다. 이 경우에도 3가지 원칙을 이용해 수익과 현금 흐름 실적을 높일 수 있다. 일찍부터 현금 흐름을 흑자로 유지하고, 회사 내부 및 외부와 관련된 원칙을 실행할 수 있는 내부-외부 리더를 활용하며 원칙 전문가들을 동원해 조화로운 이사회를 구성하는 방식으로 기하급수적 수익 성장의 대가가 되자.

원칙 5 : 기하급수적 수익 성장의 대가가 된다

현재의 사업을 성장 발판으로 이용할 수 있는가?

경기가 안 좋을 때는 현금 흐름을 유지하기 위해 회사 전체의 경비를 절감하는 방안을 택하기 쉽다. 하지만 성공한 리더들은 업무를 '최적화'하기 위해 '시스템적 접근법'을 이용한다. 프로세스를 합리화하고 일부 부서의 인력을 감축하며 비즈니스 공급 사슬과 고객 관리, 시장 정보 시스템을 최적화하기 위해 시스템과 정보 기술 인프라에 투자한다. 비용을 절감하기보다는 업무를 최적화함으로써 새로운 제품과 서비스를 신속하게 출시해 추가 성장을 촉진할 수 있는 발판을 마련하는 것이다. 여러분의 회사를 하나의 시스템으로 생각하는 것이 취해야 할 조치를 결정하는 데 중요한 열쇠가 된다.

원칙 6 : 내부-외부 리더십을 이용한다

여러분의 회사에는 내부와 외부를 담당하는 2인조 경영진이 있는가?

이런 요구를 만족시킬 수 있는 인재를 채용하거나 내부-외부 리더십을 공식화하는 데 집중해야 한다. 회사 내에 2인조 리더 체제가 잠재되어 있는 모습을 종종 보곤 하지만 이들의 역할을 분명히 밝히고 신뢰를 얻기 위해서는 명확한 논의가 필요하다. 아니면 에뮬렉스의 경우처럼 외부에서 임원을 채용해야 한다.

외부 리더는 어떤 역할을 하는가?

일반적으로 CEO나 영업 및 마케팅 담당 부사장을 일컫는 외부 임원은 전체 업무 시간의 30~50퍼센트 정도는 밖에서 돌아다니며 혁신적인 제휴 관계를 체결하거나 고객 수요를 증가시켜야 한다. HCL 테크놀로지의 외부 담당 경영자인 비니트 나야르가 회사 성장에 다시금 활력을 불어넣기 위해 어떤 방법을 취했는지 기억하는가? 불경기에 매출을 100만 달러라도 더 늘리기 위해서는 외부 경영자의 역할이 특히 중요하다.

내부 리더는 어떤 역할을 하는가?

2인조 경영진의 또 다른 반쪽인 COO, 운영 부사장, 최고재무책임자(CFO) 등의 내부 임원들은 회사 내부 운영에 전념한다. 내부 임원은 외부 임원과 협력해 문제나 기회를 다루기 쉬운 크기로 쪼개고 그것을 실행에 옮긴다. 이 리더는 여러 가지 원칙을 서로 연결시키는 역할을 하며 영향력을 키우는 데도 중요하다. 예컨대 영향력 있는 고객의 요구를 충족시키기 위해 엔지니어링 팀과 연계시키거나 고객에게 뛰어난 장점을 전달하기 위해 시스템 및 프로세스를 최적화하거나 플러스 현금 흐름을 이용해 신제품과 인프라에 재투자하여 회사 성장을 촉진하는 등의 일을 하는 것이다.

원칙 7 : 이사회에 고객, 파트너, 성장 전문 CEO 등 원칙 전문가들을 고루 배치한다

여러분의 회사는 이사회에 고객, 파트너, 성장 기업 CEO 등이 조화롭게 배치되어 있는가?

나는 연구를 통해 이사회가 투자자와 경영진으로만 구성된 기업은 장기적으로 어려움을 겪는 경우가 많다는 것을 알아냈다. 그러니 이사회는 고객, 제휴 파트너, 지수 성장을 달성하도록 회사를 이끄는 법을 아는 CEO 등으로 채워야 한다. 이들은 단기적인 수익성 요구와 장기적인 이해관계를 조화시킬 수 있다. 여러분의 회사는 이사회에 균형이 잡혀 있는가? 만약 그렇지 않다면 지금이야말로 힘겨운 불경기를 헤쳐나가는 동안 회사에 도움이 될 만한 이사회를 구성할 시점이다.

‖ 지속적인 성장 달성하기 ‖

여러분이 처한 환경이 어떻든 상관없이, 올바른 결정을 내리기 위해서는 7대 원칙을 잘 조합해 사용해야 한다. 이 이야기를 하다 보면 다음과 같은 간단한 방정식이 자꾸 떠오른다.

경영 기법 + 인프라 및 혁신에 대한 재투자
= 지속적으로 성장 가능한 기업

지속적인 지수 성장을 달성하려면 7대 원칙을 이용하는 것 외에 인프라 및 혁신에 대한 재투자도 필요하다. 새로운 비즈니스 시스템과 신제품에 대한 재투자는 지속적인 성장을 달성하기 위한 선행 조건이다. 이 모든 것이 원칙과 잘 조화되어야 한다. 예를 들어, 많은 수의 주요 고객들을 관리하려면 새로운 비즈니스 시스템이 필요하다. 당연한 이야기처럼 들리겠지만 이것을 잘못 이해하고 있는 회사가 무척 많은 것은 정말 놀라운 일이다.

7대 원칙
로드맵 작성

여러분의 회사에 7대 원칙을 빠르게 적용시키기 위해 다음과 같은 2단계 프로세스를 제안한다.

1단계 : 온라인 7대 원칙 채점표를 이용해 성과 격차를 확인한다.

2단계 : 7대 원칙 로드맵을 작성한다. 원칙별 주요 수행 내역을 실행 일정과 함께 시각적으로 표시한다.

우리는 샌프란시스코에 있는 혁신적인 그래픽 일러스트레이션 및 제작 회사인 비주얼 잉크와 협력해, 경영진들이 회사의 로드맵을 작성할 때 사용할 수 있는 다채로운 색상의 포스터 템플릿을 만들었다. 이 포스터 템플릿을 사용하면 각 원칙에 대한 현재 점수와 18개월 뒤의 목표 점수를 요약한 내용까지 포함시킬 수 있다.

그림 10에는 이 책에 소개한 회사들의 사례와 관련된 수행 내역을 모아 만든 7대 원칙 로드맵이 나와 있다. 예를 들어, 에뮬렉스는 자신들이 속한 시장 세그먼트와 통합 네트워크를 중심으로 하는 성장 기회를 즉각적으로 재정립하기 시작했다. 짐 맥클루니는 성장 이니셔티브에 집중해야 할 필요성 때문에 회사 내부를 관리할 COO로 제프 벤크를 영입했다. 이 원칙을 실행한 덕분에 에뮬렉스는 핵심 사업과 성장 가능성이 높은 사업 부서를 중심으로 구조 개혁을 단행할 수 있었다.

어드밴티지 프레셔프로는 무선 타이어 공기압 모니터링 장치의 장점을 정의하고 거기에서 얻은 정보를 트럭 운송정보 시스템으로 통합할 수 있는 소프트웨어와 통신시설을 활용하기 위해 판매 대리점과 트럭 운송회사들로 구성된 고객 자문위원회를 만드는 데 박차를 가했다. 7대 원칙 로드맵을 이용하면 주요 이니셔티브를 정의하고 적절한 타이밍을 판단하기 위한 프로젝트 계획을 세울 수 있다.

다시 한 번 말하지만, 7대 원칙 채점표를 이용해 실적 격차를 확인하고 원칙 별로 필요한 수행 내역을 파악해 순서대로 배열할 수 있는 7대 원칙 로드맵을 작성해야 한다. 원칙들을 서로 연결하면 지렛대 효과가 생겨나고 7대 원칙 시스템의 토대가 만들어진다.

그림 10 그림으로 보는 7대 원칙 로드맵

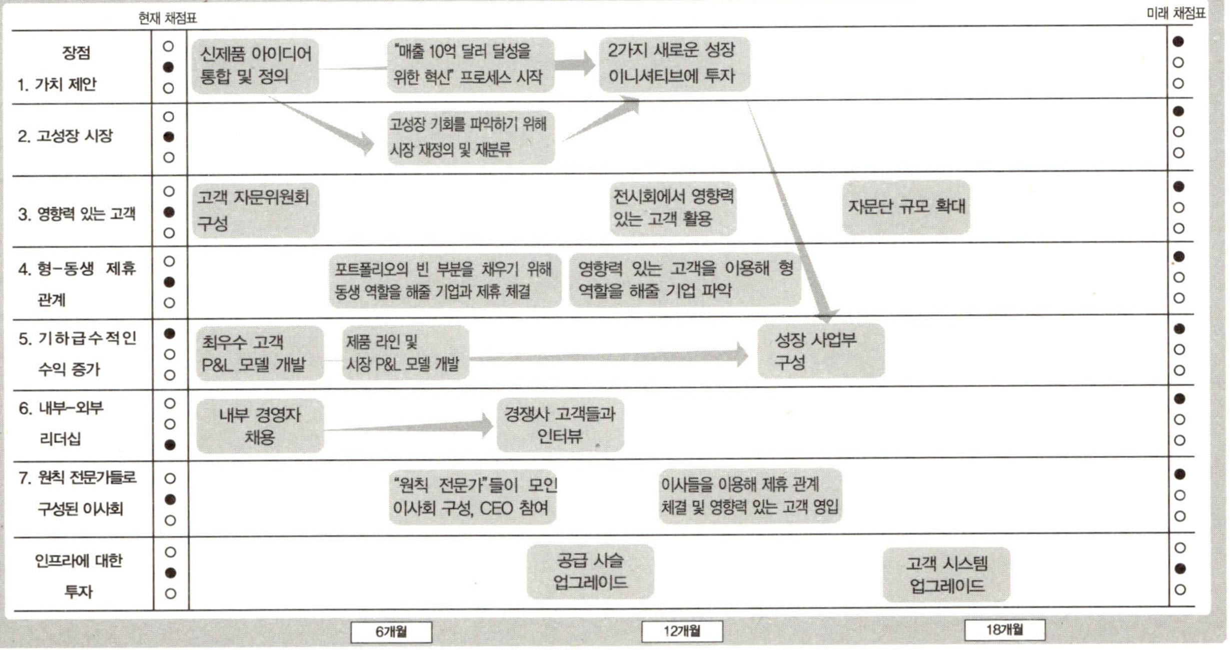

자료 출처 : 블루 프린트 그로스 인스티튜트(Blueprint Growth Institute), 비주얼 잉크

통찰력을
행동으로

여러분은 자세한 실천 계획을 세우기 전에 여러분이 품고 있을 의문을 해결하는 데 도움이 되고, 바로 행동으로 옮길 수 있는 제안을 찾고 있을 것이다. 여러분이 첫걸음을 내디디는 것을 돕기 위해, 이 책에 소개한 최신 연구 및 인터뷰를 통해 종합한 통찰력을 행동으로 옮길 수 있는 각종 활동을 소개한다. 이런 활동들에 대해 곰곰이 생각하면서 앞서 살펴본 사례 연구를 떠올려보자. 이 가운데 여러분에게 필요한 것을 걸러내 자기만의 실천 계획을 세우고 이를 7대 원칙 로드맵 작성에 적용할 수 있다.

각 원칙과 관련하여 내가 연구에서 얻은 통찰력과 수많은 워크숍을 통해 알아낸 내용, 그리고 이 책에 소개한 사례 연구를 바탕으로 여러분이 취할 수 있는 3가지 행동을 소개한다.

‖ **원칙 1 실천을 위한 활동** ‖

이 3가지 활동을 통해 가치 제안을 혁신하고 고객에게 제공할 뛰어난 가치를 생성해야 한다.

1. 경쟁사 고객과 인터뷰를 한다

미들비 최고경영책임자인 바소울의 선례에 따라 경쟁사 고객들과 인터뷰를 해, 시장 동향을 파악하고 새로운 비즈니스 요구를 이해하며 신규 고객에게 서비스를 제공하거나 잃어버린 고객을 되찾을 기회를 식별한다. 영업과 직접적인 관련이 없는 CEO나 다른 회사 리더와 인터뷰를 해야 하는 경우가 종종 있다. 여러분 회사의 리더를 통해 인터뷰의 중요성을 알리고 폭넓은 업무 논의에 대한 관심을 표하면 그 인터뷰가 행동으로 이어질 가능성이 높아진다.

2. 이야기를 들려달라고 부탁한다

경쟁사 고객을 직접 만나 그들의 식견을 듣고 이야기를 나누고 싶다고 부탁하는 것이 두렵게 느껴질 수도 있다. 그럴 때는 그냥 이야기를 들려달라고만 하자.

바소울은 이런 선구적인 능력을 발휘하면서 독특한 접근 방식을 고안했다.

"저는 인터뷰를 시작하기 전에 이렇게 말합니다. '이 업계를 발전시키고 또 동시에 우리 회사까지 발전시킬 수 있는 방법을 찾고

있습니다. 귀하의 지혜와 통찰력을 나눠주실 수 있으시겠습니까?'
라고 말이죠. 고객들은 제가 그들과 직접 만나기 위해 시간을 낸다
는 사실을 기뻐한다는 것을 알았습니다."

성공을 위한 2가지 비결은 일단 의견을 묻고, 그 뒤에 직접 만
나 이야기를 듣는 시간을 가지는 것이다. 바소울은 이런 말도 덧붙
였다.

"우리 업계 동향과 그들이 하는 사업 동향에 대해 묻습니다. 별로
부추길 필요도 없이 우리 회사 제품을 사지 않는 이유를 두어 가지
는 들을 수 있습니다. 해당 지역의 판매 대리점이 그들의 요구를 만
족시켜주지 않는다거나 가격이 너무 비싸다거나 자기에게 필요한
기능이 없다는 것이죠. 새로운 기능을 설계하면 미들비를 위한 새
로운 고객에게 향하는 문을 열 수 있습니다. 예를 들어, 오븐에 전
기 점화 장치를 추가한 덕분에 밤에 오븐을 끄는 새로운 고객들을
끌어 모을 수 있었습니다. 또 경쟁사 고객들이 현재 사용하는 제품
에 불만을 느끼면서 다음에는 미들비 제품으로 옮겨가고 싶어 한다
는 이야기도 들었습니다."

3. 피드백을 통해 얻은 통찰력을 행동으로 전환한다

고객 자문위원회를 구성하거나 새로운 기능을 추가하거나 서
비스 수준을 높일 필요가 있든 없든 간에, 이런 활동을 통해 여러

분이 밝혀낸 요구를 해결한 뒤에는 그에 대한 피드백을 받아야 한다. 이런 활동에는 별다른 투자가 필요하지 않은 경우도 많다. 간단한 활동을 통해 고객들이 자문위원회에 참가하거나 새로운 버전의 제품 또는 서비스를 시험적으로 사용해보도록 하는 것도 가능하다.

경쟁사 고객들의 시각을 통해 성장 기회를 바라보는 것은 기존 고객들의 이야기를 듣는 것보다 더 중요할 수 있다. 그러니 자사 고객뿐만 아니라 경쟁사의 가장 중요한 고객들의 말에 귀를 기울임으로써 1+1 = 3의 효과를 얻자.

증거를 원하는가? 2001년에 1억 달러였던 미들비의 매출은 2009년 말에 6억 5천만 달러 이상으로 늘어났다. 바소울의 회사는 2008년에 불경기를 거치면서도 2009년 연말까지 30퍼센트라는 괄목할 만한 성장률을 달성했다.

‖ 원칙 2 실천을 위한 활동 ‖

다음과 같은 활동을 응용해 시장 기회를 재정립한다.

1. 요구 격차를 파악해 침체된 시장을 다시 정의한다

HCL의 나야르는 고객들을 인터뷰하다 보면 그 고객들이 원하는 요구들 속에서 10억 달러 매출 달성의 기회를 발견할 수 있다는

사실을 증명했다. 고객들은 경제적으로 어려운 시기에 자신의 요
구를 다시 정의하는 일이 많다는 사실을 기억하자. 2001~2003년
에 닥쳐온 불황 이후 정보 기술 분야 고객들에게는 품질과 신뢰,
융통성이 갈수록 중요해졌다. 하지만 3년이 지난 뒤에도 그들의 요
구는 제대로 충족되지 않은 상태였고, 덕분에 HCL에게 엄청난 기
회를 제공해주었다.

2. 혁신적인 가치 제안(원칙 1)을 역설계한다

회사의 성장 궤도를 일변하기 위해 반드시 첫 번째 원칙인 '혁
신적인 가치 제안을 하고 그것을 유지한다' 부터 시작할 필요는 없
다. HCL의 경우에는 두 번째 원칙인 '성장 가능성이 큰 시장 세그
먼트를 개척한다' 를 통해 시장을 재정의하는 일부터 시작한 뒤, 재
정립된 시장 세그먼트를 파악하기 위해 필요한 가치를 역설계했다.

경기 변동기는 비록 당장은 시장이 정체된 듯 보일지라도 다음
에 성장할 시장 세그먼트는 어디일지 파악해야 하는 시기다. 나야
르는 최근에 닥쳐온 불경기를 빌어 HCL이 서비스를 제공해야 하
는 고객군을 다시 정의함으로써 새로운 성장 발판을 구축했다. 그
리고 자신들이 서비스를 제공하고자 하는 고객들이 요구하는 것을
찾아내는 데 집중했다. 이런 통찰력을 행동으로 전환하기 위해
HCL은 이 요구를 역설계하여 고객이 필요로 하는 탁월한 가치를
전달하는 서비스를 만들어냈다.

3. 특정 고객에게 탁월한 가치를 전달하는 것을 시장 기회로 삼아 여기에 집중한다

HCL은 회사가 제공할 수 있는 가치와 잠재 고객의 요구가 교차하는 지점을 정의하기 위해 "가치 영역"이라는 용어를 사용했다. 가치 영역을 중심으로 시장 기회를 정의하면 특정 고객들의 시각을 통해 시장 세그먼트를 재정립할 수 있다. 경기 변동이 계속해서 바뀌는 고객 요구에 대한 변곡점 역할을 하는 경우가 자주 있으므로, 새로운 고객의 요구를 만족시키는 데 집중한다면 아직 충분한 서비스가 제공되지 않는 고성장 시장 세그먼트를 통찰력 있게 파악할 수 있다.

‖ 원칙 3 실천을 위한 활동 ‖

영향력 있는 고객을 이용해 매출을 늘리려면 영업주기를 단축하고 마케팅 및 영업 투자를 줄이면서 다음과 같은 활동을 시작해야 한다.

1. 고객 자문위원회를 구성한다

체계적이고 통제된 접근 방식을 이용해 고객의 피드백과 조언을 구한다. 몇몇 고객을 동원해 고객 자문위원회를 구성하고 다음과 같은 3가지 사항을 중심으로 의제를 정한다.

❶ 고객의 요구를 만족시키기 위해 여러분이 제공할 수 있는 "탁월한 가치"가 무엇인지 정의한다.

❷ 미래의 요구를 만족시킬 제품 또는 솔루션 로드맵을 만든다.

❸ 여러분 회사의 가장 중요한 고객이 업계 컨퍼런스에서 이야기를 하거나 제품 사용 후기를 쓰거나 다른 잠재 고객에게 소문을 내는 등 여러분을 대신해 적극적으로 홍보를 벌일 수 있는 방법을 논의한다.

2. 영향력 있는 고객의 시각을 통해 새로운 혁신을 가다듬는다

아직 출시되지 않은 신제품을 고객들에게 제공해 중요한 초기 피드백을 얻는다. 영향력 있는 고객의 시각을 통해 새로운 제품과 서비스를 가다듬는 것이다.

고객과 함께 문제를 해결하자. 빠진 기능이나 탁월한 장점이 무엇인지 귀 기울인다. 고객은 문제는 파악하면서도 가장 혁신적인 해결책이 무엇인지는 모르는 경우가 있다. 반대로 혁신적인 해결책을 아는 공급업체가 고객들의 중요한 요구는 의식하지 못할 수도 있다. 성공한 기업은 고객의 중요한 요구가 무엇인지 파악하고, 고객은 여러분이 이런 요구들을 특별히 해결해줄 뛰어난 가치를 제공할 수 있다는 것을 알게 될 것이다.

3. 영향력 있는 고객을 이용해 회사와 제품을 홍보한다

영향력 있는 고객은 여러분을 위해 입소문을 내주고 심지어 영업사원의 일까지 대신해주는 독특하고 유용한 존재다. 이들은 여러분의 회사가 고객의 중요한 요구를 만족시키는 제품이나 서비스를 제공하는 방식에 대해 이야기하면서 홍보를 해준다. 이들이 자신의 경험을 다른 회사와 공유하는 것은 단순한 영업 차원을 넘어 신뢰할 수 있는 제3자의 추천으로 이어지는 것이며, 이것은 여러분의 힘만으로는 절대 불가능한 일이다. 고객들은 다른 고객에게서 제품을 추천받는 것을 좋아한다. 이런 상황이 벌어지면 영업주기가 반으로 단축되고 영업 및 마케팅 비용도 감소하며 계약 성사 비율은 올라갈 것이다.

‖ 원칙 4 실천을 위한 활동 ‖

포트폴리오의 빈자리를 메우고 공급 사슬을 강화하며 새로운 시장에 진입할 수 있는 장기적인 윈-윈 파트너십을 구축하려면 다음과 같은 3가지 행동을 응용한다.

1. 공급업체 및 유통업체와 제휴를 맺는다

어드밴티지 프레셔프로의 자루어가 제너럴 일렉트릭 및 렉스트로닉스와의 제휴 관계를 이용해 센서 구성요소를 공급하고 개발 및 제작 서비스를 제공한 것은, 여러분의 회사를 위해 가치를 창출해줄 제휴업체를 찾는 방법을 보여준 훌륭한 사례다. 형 역할을 하는 기업은 공급 부문 제휴를 통해 새로이 부상하는 시장에 참여할 기회를 얻게 되고, 규모가 작아 신속하게 움직일 수 있는 기업들은 공급업체의 신뢰성과 역량을 이용해 대규모 고객과 시장을 확보할 기회를 보장받을 수 있다. 이런 방법은 공급 부문의 제휴 관계를 보완하고 시장 지향적인 동맹을 이용해 다양한 시장이나 지역으로 진출할 수 있게 해준다.

2. 장기적인 이해관계 조정

규모가 크든 작든 상관없이 제휴 파트너에게 접근할 때는 장기적인 윈-윈 관계를 형성할 토대를 제안하기 위해 충분한 사전 검토를 거치는 것이 중요하다. 오래도록 지속될 윈-윈 관계를 구축하려면 어느 회사가 형 역할을 하고 어느 회사가 동생 역할을 할 것인지 확인해야 한다. 너무 서둘러서 제휴 합의서에 서명할 경우 거짓 안정감을 얻게 된다. 자루어가 맺은 수많은 제휴 계약은 양사의 이해관계를 일치시키기 위한 오랜 논의 끝에 체결한 것이다. 관계가 발전함에 따라 계약 내용을 몇 차례씩 수정하기도 했다.

3. 영향력 있는 고객을 통해 적합한 파트너를 소개받는다

7대 원칙 워크숍을 진행할 때마다 기업들이 자신에게 맞는 제휴 파트너를 찾거나 대기업 내에서 그들과 접촉하는 데 어려움을 겪는다는 이야기를 자주 듣는다. 하지만 잠재적인 제휴 파트너들 또한 그들에게 중요한 영향력 있는 고객을 보유하고 있다. 제휴 파트너와 처음 접촉할 때는 여러분 회사에 가장 중요한 고객들의 도움을 받는다. 이런 고객은 여러분과 여러분의 고객, 그리고 미래의 제휴 파트너를 위한 윈-윈 관계에 대해 명확하게 설명해줄 수 있다.

‖ 원칙 5 실천을 위한 활동 ‖

아무리 힘든 시기에도 기하급수적 수익 성장의 대가가 되기 위해 취할 수 있는 행동을 3가지 소개한다.

1. 현금 흐름을 흑자로 유지하고 장기 부채를 감소시키기 위해 노력한다

서서히 온도가 올라가고 있는 물속에서 헤엄치는 개구리는 밖으로 튀어나오지 않는다. 그냥 그 안에서 서서히 익다가 죽음을 맞이하는 것이다. 이와 마찬가지로 장기 부채가 증가하고 현금 흐름이 적자로 돌아선 기업을 운영하는 경영진들은 결국 실패를 겪을 수밖에 없다. 인터넷 기업이나 기술 기업의 경우 그 실패가 빨리 찾아오고 오랜 역사를 지닌 기업의 경우에는 서서히 찾아온다는 점이 다를 뿐이다. 이렇게 현금 흐름이 적자면서 장기 부채가 많은 회사가 무엇보다 먼저 해야 할 일은 매상 총이익을 늘리고 모든 지출을 감소시킬 수 있는 이니셔티브를 철저하게 검토하는 것이다. 요즘 같이 경제적으로 어려운 시기에는 플러스 현금 흐름을 달성하는 데 집중한다. 물론 어려운 일이기는 하지만 성장과 수익을 동시에 달성한 몇 안 되는 기업 대열에 합류하기 위해서는 반드시 해야 하는 일이다.

2. 매출 증가를 위한 이니셔티브에 재투자한다

미국에서 가장 큰 성장을 이룬 기업들은 매출을 늘리기 위해 새로운 제품과 서비스에 재투자한다. 이런 투자는 그 효과가 매우 높다. 이런 기업의 CEO들과 인터뷰를 해보면 이들이 다양한 방법을 사용한다는 것을 알 수 있다. 매출 10억 달러를 달성할 기회를 찾으려면 "자주, 빨리, 저비용으로 실패해야 한다." 중소기업(사업부서)이 기하급수적인 매출 성장을 달성할 잠재력을 가지고 있음을 보여주는 사전 신호를 찾는다. 성공 가능성을 평가하려면 회사 규모가 아닌 성장률에 초점을 맞춰야 한다. 일례로 스테이플스 설립자인 톰 스템버그는 회사를 설립한 지 겨우 12주 만에 4년차 정도에 달성하리라 예상했던 실적을 올리는 것을 보고는 이 회사에 놀라운 성장 기회가 잠재되어 있다는 사실을 알게 되었다.

3. 플러스 현금 흐름과 재투자를 조화시킬 체계적인 프로세스를 개

발한다

　성장 기업이 사용하는 유용한 기법 가운데 하나는 미리 계획된 예산의 10퍼센트를 성장 이니셔티브를 위해 따로 떼어두는 것이다. 이런 경영진들은 자체적으로 조달한 '벤처 펀드'를 이용해 성장 이니셔티브에 필요한 자금을 댄다.

　이 프로세스가 제대로 진행되려면 경영진이 핵심 사업을 위한 투자에 무조건적인 우선순위를 둬야 한다. 경영진들과 함께 일할 때면 대개의 경우 최고재무책임자(CFO)가 현금 흐름을 보호하는 역할을 맡았다. 문제는 회사 이익을 위해 특정 기능에 대한 투자를 다른 기능에 대한 투자와 맞바꾸도록 하는 것이다. 내부-외부 리더십 기법이 가장 유용하게 사용되는 경우가 바로 이런 때이며 여러분이 다음 원칙과 관련된 행동 수칙을 따라야 하는 또 하나의 이유이기도 하다.

‖ 원칙 6 실천을 위한 활동 ‖

　내부-외부 리더십을 활용해 경영진이나 조직 전체의 팀워크 효율을 대폭 개선하고 신뢰를 기반으로 하도록 한다.

1. 여러분의 회사에 내부-외부 리더십을 적용한다

　여러분의 회사에도 각기 내부와 외부를 담당하는 2인조 리더가 필요하다는 것을 보여주는 몇 가지 징후가 있다. 여러분은 고객을 자주 방문하지 않는 것에 죄책감을 느끼는가, 아니면 운영 업무를 처리하기 위해 사무실에 계속 머물러 있어야 하는가? 다른 사람에게 여러분 회사의 내부-외부 리더십을 파악해달라고 부탁하면 어려워하는가? 여러분을 보완해줄 믿을 만한 파트너가 있는가? 이 질문들에 대한 대답 중 '아니오'가 하나라도 있다면 트랙터 서플라이와 에뮬렉스의 선례를 따라 여러분의 반쪽을 찾아보자.

2. 신뢰를 기반으로 하는 고성과 문화를 구축한다

내부-외부를 담당하는 2인조 리더는 서로를 신뢰하기 때문에 믿음과 열린 커뮤니케이션을 바탕으로 하는 기업 문화를 구축한다. 여러분에게 아직 이런 반쪽이 없다면 동료와 상호 보완적인 관계를 맺거나, 가능하다면 여러분의 내부나 외부 활동을 보완해줄 동료를 영입한다.

3. 회사 전체에 내부-외부 리더십을 도입한다

내부-외부 리더십 원칙을 활용하는 것은 최고 경영진만을 위한 것이 아니다. 이것은 회사 전체에 적용 가능하며 조직 설계, 측정 기준 정렬, 개발의 기본 바탕이 된다. 일례로 HCL 테크놀로지의 고객 담당 임원(외부 담당)은 아웃소싱 서비스 제공(내부 담당)을 위해 다른 동료와 함께 짝을 지어 일한다. 이들은 똑같은 성과 측정 기준과 목표를 공유한다. 세계 각지의 HCL 계열사에는 이런 2인조 리더가 300쌍 이상 존재한다.

‖ 원칙 7 실천을 위한 활동 ‖

다음과 같은 행동 수칙을 이용해 투자자나 경영진이 고객, 제휴 파트너, 여러분 회사보다 규모가 큰 성장 기업을 이끈 경험이 있는 CEO 등 다양한 원칙 전문가들과 조화를 이루게 한다.

1. 일찍부터 이사회 구성원을 고르게 갖춘다

톰 스템버그와 톰 제임스의 선례를 따르자. 투자자와 경영진의 이해관계를 보완할 수 있는 CEO, 고객, 제휴 파트너 등을 이사회 구성원으로 영입해 균형을 맞춘다. 회사가 아직 매출을 올리기 전이든 아니면 10억 달러 매출을 향해 나아가고 있는 중이든 간에, 경영진에게 도전 과제를 던져줄 만큼 다양한 경험을 지닌 균형 잡힌 이사회는 가치를 헤아릴 수 없을 만큼 중요한 존재다.

2. 자문위원회를 이용해 전문 지식을 얻는다

비록 회사 지배 권한이 있는 정식 위원회는 아니지만, 자문위원회는 깊이 있는 전문 지식을 얻을 수 있는 보고다. 후기 단계에 접어든 대다수의 기업에게는 영향력 있는 고객들로 구성된 자문위원회(원칙 3)의 존재가 매우 귀중하다.

자문위원회를 제대로 활용하려면 규모는 작게 유지하되 유능하고 노련한 이들로 위원회를 구성해야 한다. 그리고 정기적으로 모임을 개최한다.

이것은 누구나 할 수 있는 활동처럼 보이겠지만, 내 워크숍에 참석한 기업의 80퍼센트 이상이 이렇게 간단하면서도 효과가 확실한 방법인 자문위원회를 활용하지 않고 있었다.

3. 위원회에 신선한 기운을 불어넣는다

경기 침체기와 회복기에는 특히 이사회를 쇄신하거나 투자자 또는 경영진의 관점과 균형을 이룰 수 있는 새로운 인물을 추가하는 것이 좋다. 경영진이 최선을 다하도록 의욕을 불러일으키기 위해서는 다양한 경험과 관점을 지닌 이들로 이사회를 늘 신선하게 유지하는 것이 중요하다.

신생 기업을 위한
7대 원칙

모든 성장 기업은 작은 규모로 시작한다. 자신에게도 비범한 성장을 달성할 기회가 있다고 생각하는 기업가들에게서 내가 가장 자주 받는 질문은 다음과 같다.

- 매출 1천만 달러를 달성하기 위한 블루 프린트도 있는가?
- 회사를 처음 창업할 때부터 7대 원칙을 적용해야 하는가?
- 신생 기업과 한창 성장 중인 기업이 풀어야 하는 성장 과제가 서로 비슷한가?

이런 질문을 하는 사람들에게 좋은 소식이 있다! 최근 조사 결과에 따르면 신생 기업을 위한 블루 프린트도 존재한다. 나는 맥킨지 파트너로 근무하다가 지금은 사모 펀드 운용사인 오리지네이트

벤처(Originate Ventures)의 경영 파트너로 일하는 에릭 안슨과 협력해 초기 투자 단계에 맞게 7대 원칙을 개조해보았다. 그리고 선별, 평가, 투자, 투자 이후 단계에 측정 가능한 방식들을 적용했다. 체계적인 프로세스를 통해 2천 개 이상의 사업 계획서와 평가서를 검토한 안슨의 팀은 7대 원칙을 신생 기업에 맞게 맞추는 방법을 알아냈다. 안슨은 7대 원칙 가운데 3가지에 대한 가장 중요한 식견을 우리에게 들려주었다.

원칙 1 : 탁월한 가치를 제안한다

우리는 3가지 기준에 따라 가치 제안을 평가했다. 깊이 잠재되어 있거나 자주 발생하거나 계속해서 바뀌는 고객들의 충족되지 않은 요구를 만족시키는가? 그렇다면 이 유망 기업은 그 요구를 만족시킬 훌륭한 능력을 갖추고 있는가? 우리는 유망 기업의 장점과 경쟁사의 장점을 힘들게 대조해보았다. 그리고 고객들이 현 상태에 대해 느끼는 "좌절감"이나 "제대로 돌아가지 않는 부분"이 무엇인지 알아내려고 고객들과 이야기를 나눴다. 이때 새로운 제품이나 서비스에 대한 개별적인 피드백도 이용했다. 고객들은 매우 솔직하다. 더 나은 솔루션을 원하는 지금, 손해 볼 것이 전혀 없기 때문이다. 그러니 한마디로 말해 이들의 말은 진실이다.

원칙 3 : 영향력 있는 고객을 통해 신생 기업의 성장을 가속화한다이 원칙은 탁월한 가치 제안이 실제로 큰 발전을 이루는 데 도움이 된다는 사실을 입증하는 증거 사례다. 여기서 중요한 점은 영향력 있는 고객이 자기 업계에서 인정과 존경을 받는, 정말 영향력 있는 인물이어야 한다는 것이다. 예를 들어, 브리티시 페트롤륨(British Petroleum, BT)은 세컨드 라이프(Second Life)의 경쟁사인 가상 환경 분야의 신생 기업인 프로톤미디어(ProtonMedia)에 대한 확실한 추천장을 제공한다. BP 기술 그룹의 한 간부는 프로톤미디어가 만든 가상 환경 프로토스피어(ProtoSphere) 덕분에 BP의 탐사, 시추, 생산 팀이 세계 곳곳에서 가상적으로 업무를 처리하게 된 놀라운 성공 사례에 대해 들려주었다. 이 가상 환경을 이용해 전 세계 직원들이 모인 동적인 팀이 구성되었다. 이들은 출장으로 인한 작업 지연이나 경비 지출 없이도 특수한 사무실에 접속하기만 하면 서로 영향을 미치고 공유하고 협업할 수 있었다.

결론 : BP는 프로톤의 가상 환경의 장점과 중요성을 명확하게 전달할 수 있었고 업계 컨퍼런스에서나 다른 기업들과 모인 자리에서 프로톤의 혁신적인 제품을 적극적으로 공유하려고 했다.

원칙 6 : 내부-외부 리더십을 활용한다

우리는 내부-외부 리더십 원칙의 중요성을 진정으로 인정하기 때문에 내부-외부를 각기 담당하는 2인조 리더가 없는 회사에는 투자를 하지 않을 것이다. 외부 리더는 수완이 비상하고 인맥이 좋으며 거래 성사 능력을 갖추고 있다. 이 '판매 담당 CEO'는 자신들의 솔루션에 대해 강한 확신을 가지고 있기 때문에 영향력 있는 고객들을 설득하거나 감화시킬 수 있다. 내부 리더는 회사를 운영하고 개발 팀을 이끈 경험이 있기 때문에 좋은 아이디어를 신속하게 초기 형태의 제품이나 서비스로 전환할 수 있다. 이들은 남의 말에 귀를 잘 기울이므로 고객과 협력해 초기에 내놓은 제품을 재빨리 개량하는 것도 가능하다. 하지만 이런 2인조 리더 가운데 한쪽밖에 없는 회사는 대개의 경우 설립자·CEO가 '판매 담당 CEO'가 된다. 이들은 자기와 다른 보완적인 기술을 갖춘 내부 파트너가 필요하다는 사실을 깨달아야 하며 그를 하급자가 아닌 동등한 파트너로 대해야 한다. 때로는 CEO가 자기 혼자 힘으로는 이 모든 일을 해낼 수 없다는 결론을 내리기까지 시간이 걸리기도 한다.

안슨과 그의 팀이 보기에 '1천만 달러 매출 달성을 위한 블루프린트'가 제안하는 혁신적인 가치는 무엇일까? 안슨은 이렇게 말한다.

"벤처 투자자가 남다른 수익을 올리는 비결은 체계적인 방법을 이용해 성장을 가속화하는 것입니다. 우리는 비범한 성장 기업을 만들 수 있는 가능성을 높이기 위해 검증된 방법을 이용합니다. 왜냐고요? 일반적인 신생 기업에는 3~5차례의 자본 투자가 필요한데, 이 가운데 한두 번만 줄일 수 있어도 투자 수익이 크게 증가하기 때문입니다."

여러분이 신생 기업 경영진이든 엔젤 투자자든 아니면 벤처 기업 투자자든 간에, 일찍부터 블루 프린트와 7대 원칙 로드맵을 적용해야만 성공 가능성이 높아지고 성장이 가속화되어 지수 성장을 달성할 수 있다!

PART 5

성장의 소명

성장 리더들은 종종 3가지 필수적인 리더십 기둥으로 차별화되는
성장 소명을 경험하는 일이 있다.

성장의 소명
파악하기

1989년에 제작되어 많은 상을 수상한 영화 〈꿈의 구장(Field of Dreams)〉은 미국에서 가장 비범한 성장을 이룬 기업의 설립자나 리더가 지닌 특징과 사고방식을 표상화한 영화다. 케빈 코스트너가 연기한 레이 킨셀라라는 인물은 아내 애니, 딸 카린과 함께 아이오와 주 농촌에 사는 풋내기 농부다. 어느 날 옥수수 밭 사이를 걷던 레이는 "네가 만들면 그들이 올 것이다"라는 속삭임을 듣는다. 이 말을 들은 그는 자기 옥수수 밭 가운데 한 곳에 소박한 야구장을 짓겠다는 계획을 세운다. 의심 많은 이웃들과 협조적이기는 하지만 이 계획에 회의를 나타내는 아내가 지켜보는 가운데 레이는 옥수수를 갈아 파묻고 그 위에 야구장을 짓는다.

레이의 경우처럼 성장 기업을 일굴 때도 가끔 의심이 들거나 실패를 겪을 뻔한 결정적인 순간이 있게 마련이다. 하지만 눈에 보이는 증거 사례들이 있기에 리더들은 계속 전진한다. 야구장을 짓기 시작하고 1년 뒤, 레이와 애니는 재정적인 어려움에서 벗어나기 위해 야구장을 다시 옥수수 밭으로 바꿔야 할지 고민하게 된다.

처남 마크와 얘기를 나누던 레이는 밭에 다시 옥수수를 심지 않을 경우 파산하고 말 것이라는 말을 듣는다. 하지만 레이는 나중에 "끝까지 해내라"는 목소리를 듣는다.

마크는 동업자와 함께 이 땅의 저당권을 사고 싶었기 때문에 레이에게 농장을 팔라고 설득하러 온 것이었다. 카린은 레이에게 곧 사람들이 와서 야구 경기를 보려고 돈을 낼 테니 농장을 팔 필요가 없다고 안심시킨다. 이 부분에서 카린이 말한 대사는 대충 다음과 같은 내용이다.

"이곳에 와서 경기를 본 사람들은 마치 마법의 물속에 잠겨 있는 듯한 기분을 느낄 거예요. 그 기억은 너무나도 깊이 남기 때문에 그것을 떨쳐버리려면 얼굴을 마구 문질러야 할 걸요. 사람들이 올 거예요, 아빠. 세월이 가도 변치 않는 것이 야구예요. 미국은 증기 롤러 부대처럼 계속 굴러가고 있어요. 칠판의 글씨를 지우듯 이 땅 위의 모든 것을 지웠다가 다시 짓고는 또다시 지워버리겠죠. 하지만 야구는 시간 속에 그 흔적을 남겨요. 이 경기장, 이 경기. 이건 우리 과거의 일부예요, 아빠. 아름다웠던 과거와 그것이 다시 되풀이될 수 있다는 사실을 상기시켜주죠."

〈꿈의 구장〉은 소명을 받고 그 소명을 끝까지 달성하면서 타인을 위해 봉사한 이야기를 통해 지난 수십 년 동안 수백만 명의 사람들에게 영감을 안겨주었다. 영화가 전개되면 좋은 결과—과거에 대한 향수—가 나올 것이라고 굳게 믿는 사람과 지난날의 기억과 편안함을 다시 느끼면서 "시름 없는 행복한 상태"에 젖고자 하는 소망에 대한 이야기가 펼쳐진다. 영화는 개인, 가족, 공동체에 모두 적용되는 높은 이상을 전달한다. 레이는 자신의 소명을 잊지 않으면서 한 번에 한 가지씩 차근차근 행동을 취해나갔다. 〈꿈의 구장〉과 야구가 그렇듯 성장 기업도 아메리칸 드림에 자신의 흔적을 남겼다. 이들은 올바른 것이 무엇인지 증명하고 미국이 보여줄 수 있는 최상의 모습을 상징한다.

나는 수많은 CEO나 경영진들과 인터뷰를 하거나 개인적으로 알고 지내거나 함께 일하는 멋진 기회를 누리는 동안, 이런 비범한 성장을 달성한 리더들 대다수가 성장에 대한 소명, 즉 비범한 정상 기업을 이끌거나 그 일원이 되리라는 소명을 발견하고 그에 따라 살아가고 있음을 알게 되었다. 다른 이들이 이런 리더의 뒤를 따르는 것은 그가 성장을 위한 고무적인 체계나 블루 프린트를 가지고 있고, 또 대의를 위해 남다른 성장 기업을 키우겠다는 자신의 가장 중요한 신념을 지키기 위해 기꺼이 노력하기 때문이다.

리더십에 대해서는 이미 명확한 정의가 내려져 있고 관련 연구도 무수히 이루어졌지만 나는 훌륭한 성장 기업을 이끄는 리더들의 특징을 개략적으로나마 표현할 수 있는 독특한 리더십 원칙을 아직 발견하지 못했다. 이것은 단순한 기술이나 성실성, 열의, 신뢰 등을 뛰어넘는 그 이상의 존재다. 리더들은 다른 사람이 보지 못하거나 상상하지 못하는 것을 달성하고자 하는 소명을 품고 있다. 그리고 그 소명을 실제로 달성한다.

나는 이런 소명과 훌륭한 리더십 특징을 생각하며 많은 리더들을 만나, 자신이 생각하는 자신의 소명이나 독특한 리더십 성장 기술을 분류하고 정의해달라고 부탁했다. 그런데 내게 이런 부탁을 받은 이들이 모두 뭐라고 말해야 할지 몰라 당황했다면 믿을 수 있겠는가? 그들 가운데 단 한 명도 내가 그들에게서 발견한 특징을 직접 분류하거나 설명하지 못했다. 내부-외부 리더십에 대해 파악했을 때도 이와 똑같은 현상을 발견했다. 이들의 특징을 제대로 정의할 수만 있다면 이런 특징을 가진 사람을 알아보거나 다른 사람에게 알려주기가 더 쉬워질 것이다.

성장 기업에 대한 연구를 계속하던 중에, 나는 경력 코칭 분야의 선구자이자 목적이 지닌 힘에 대해 설파하는 유명한 연설가인 리처드 라이더가 흔히 숭고한 소명이라고 부르는 종교적 소명이 아닌 비즈니스와 관련된 소명에 대해 논했다는 이야기를 들었다. 라이더는 성장 리더십이라는 이 소명에 대해 자신의 견해를 들려주었다.

"소명은 어떤 사람이나 이 세상을 변화시킬 수 있는 방향으로 봉사하고자 하는 내적 충동입니다. 이것은 자기 자신보다 훨씬 거대한 어떤 존재에 관한 것이죠. 하나의 목표를 이루기 위한 강렬한 집중이자 '서쪽으로 가라' 와 같은 확실한 방향성이기도 합니다. 목표와 달리 소명에는 완료란 것이 있을 수 없습니다. 완벽하게 구체화된 소명은 아침에 잠자리에서 일어나 전력을 다해 하루를 살아갈 힘과 이유를 안겨줍니다."

소명을 품게 하는 결정적인 개인적 변곡점이 존재한다(이를 사업상의 변곡점과 혼동해서는 안 된다). 나는 연구를 통해 지수 성장 기업을 세워 성장시키고자 하는 소명의 근간이 되는 3가지 요소를 발견했다.

한 가지 분명한 사실이 있다. 성장 리더들이 어려서 받은 가정교육과 가족의 가치관, 일을 하면서 얻은 경험 등이 모두 합쳐져 이런 성장 소명을 달성할 채비를 갖추게 해준다는 것이다. 이들의 소명은 마음속 깊은 신념을 바탕으로 일을 하고 사람들을 이끌라는 과제를 안겨주는 고유의 영적 개념에서 나오는 것이다. 이 성장 리더들은 행동 지향적인 문제 해결사들로서 장기적인 미래를 내다보며 대의를 위해 봉사해야 한다고 믿는다. 이들은 겸허하고 꾸준히 배우려 노력하며 최고의 인재들을 옆에 두고 고결한 가치를 증명한다. 이들의 출신 배경은 기업가, 임원, 발명가, 대학 중퇴자, 과학자, 전문 창업자 등 다양하다.

❶ 증거 사례를 통해 명확하게 규정된 비전. 증거 사례를 통해 규정된 비전은 구체적이고 장기적인 요구와 기회에 초점을 맞춰 그 기회를 입증하거나 반증하는 중요한 분석을 제공한다. 증거 사례는 다른 사람이 자신의 신념과 반대된다고 여기는 기회를 알려주거나 아직 실현되지 않은 기회에 눈뜨게 해준다. 리더들은 비전을 달성하려면 서둘러 행동을 취하는 것이 중요하다고 역설한다.

❷ 행동할 수 있는 자신감, 가치, 기술. 지수 성장을 이룬 기업의 리더들은 행동하는 데 필요한 자신감과 가치관, 기술을 모두 갖추고 있다. 이들의 행동은 실패할 위험과 성공 가능성을 비교 평가하는 계획적인 리스크 평가를 통해 정해지는 경우가 많다. 이들은 팀 구성, 새로운 비즈니스 개발, 문제 해결 등의 분야에서 다른 사람에게 영감을 주고 행동에 영향을 미친다.

❸ 고객, 직원, 투자자 등 다른 사람에게 도움이 되고자 하는 열망. 성장 리더들의 가치 체계에는 대의를 위해 세상을 바꾸고 일하기 좋은 직장을 만들며 고객에게 봉사하고 투자자들에게 높은 수익을 안겨주는 등 타인에 대한 봉사가 포함되어 있다. 이들은 '나 자신'이나 '나의 경제적 부'를 위해서 일하지 않는다. 물론 경제적인 부를 손에 넣기는 하지만 이것이 최종적인 목표는 아니다. 이들은 '나'가 아닌 '우리'를 중심으로 하는 태도를 보여준다.

필수적인 리더십 기둥

여러분도 탁월한 성장 기업을 키우거나 이끌거나 합류하라는 소명을 받았는가? 아직 이런 소명을 받지 않았다면 성장을 위한 여정을 시작할 준비는 되었는가?

동료들과 수많은 연구와 토론을 거친 끝에, 우리는 성장 리더들이 사용하는 리더십 기술을 멋지게 조합한 필수적인 리더십 기둥 3개를 찾아냈다. 목적 중심의 리더십, 기업 정신 리더십, 서비스 리더십이 바로 그것이다. 이 3가지 모두 여러분이 7대 원칙에 숙달되도록 도와주는 중요한 리더십 구성요소다(그림 11 참조).

이 기둥에 대해 설명하는 가장 좋은 방법은 놀라운 성장을 이룬 3명의 리더가 각 기둥의 롤 모델 역할을 하게 된 경위를 살펴보는 것이다. 이들의 리더십에 대한 이야기는 내게도 많은 감명을 주었다.

‖ 목적 중심의 리더십 ‖

2009년에 매출 200억 달러 문턱을 넘은 스테이플스는 지금도 꾸준히 성장 중이다. 지금 와서 생각해보면 첫 번째 매장의 성공 여부는 이 회사가 실패한 신생 기업으로 끝나느냐 아니면 수십억 달러 규모의 글로벌 대기업으로 성장하느냐 하는 운명을 판가름하는 결정적인 순간이었다.

톰 스템버그는 스테이플스를 설립해 회사 조직을 구성하고 첫 번째 매장 문을 열었다. 하지만 손님이 아무도 오지 않았다. 그는

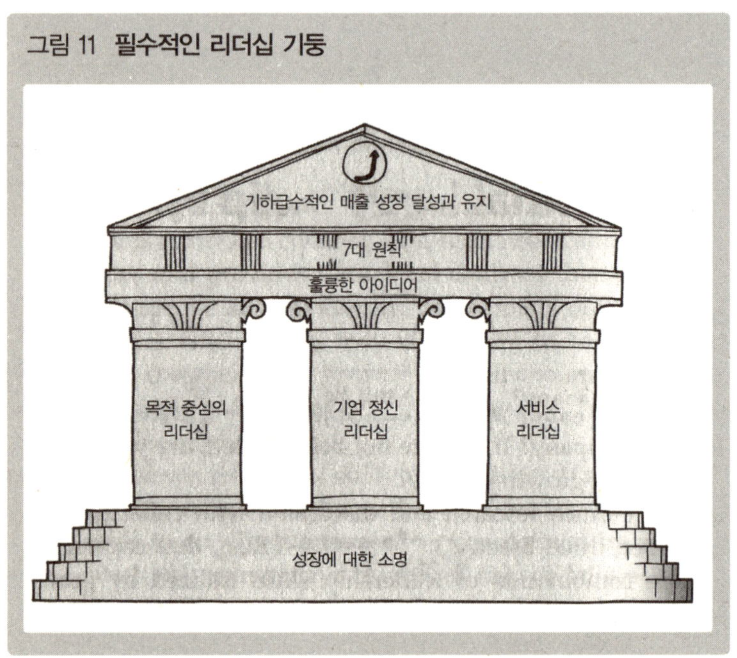

그림 11 필수적인 리더십 기둥

자료 출처 : 비주얼 잉크, 블루 프린트 그로스 인스티튜트

매출 10억 달러를 향한 여정을 시작하자마자 발생한 이런 문제를 어떻게 해결했을까?

2006년 초에 첫 번째 책을 쓰기 위해 실리콘밸리의 처칠 클럽 (Churchill Club)에서 톰 스템버그와 인터뷰를 하면서 성장 통찰력에 관해 그와 토론할 기회가 있었다. 모든 일이 다 잘 안 풀릴 때는, 자기 내면의 힘과 신속하고 효과적으로 문제를 해결하고 아무리 힘든 시기에도 다른 이들이 성실하게 기술과 재능을 발휘하도록 격려해주는 리더로서의 능력에 대한 자신감이 필요하다.

톰 스템버그에게 잘 풀리지 않던 신규 사업을 수십억 달러 규모의 대기업으로 변신시킬 수 있었던 목적 중심의 리더십 통찰력에 대해 이야기를 들려달라고 부탁했다. 그는 이렇게 말했다.

"저는 스테이플스를 설립할 때 3가지 기본 원칙을 가지고 있었습니다.

❶ 사무실 물건을 한 곳에서 모두 구입할 수 있는 상점을 만든다
중소기업 또는 영세기업을 운영하는 이들은 사무실을 개업하고 운영하기 위해 사무용 기계 판매점, 복사기 대리점, 컴퓨터 판매점, 소프트웨어 상점은 물론이고 마지막으로 커피를 사러 식료품점까지 들러야 합니다. 우리 회사의 아이디어는 모든 것을 고객 중심으로 생각하면서 고속 복사 등의 서비스를 비롯해 사무실에서 사용하는 모든 제품을 한 지붕 아래에 모아놓고 팔자는

것이었습니다.

❷ 모든 제품을 반값에 제공한다

스테이플스를 처음 설립한 1980년대 중반에는 사무용품 판매점들이 믿을 수 있는 정가표를 공개했고 상인들은 이 가격에서 10~20퍼센트 정도를 할인해줄 수 있었습니다. 그런데 우리가 제시한 가격은 공개된 정가에서 50퍼센트를 할인한 가격이었습니다. 사무용품이나 서비스 시장에서는 전에 들어보지 못한 놀라운 가격이었죠.

❸ 쇼핑하기에 편리한 장소를 제공한다

스테이플스는 편안하게 쇼핑할 수 있는 공간입니다. 그저 편안함만을 생각한 것이 아니라 가게 영업시간까지 연장했습니다. 당시 일반적인 문구점들은 오전 9시에서 오후 5시까지만 영업을 했지만 기업을 운영하는 사업가들은 이른 아침이나 늦은 밤 시간, 심지어 주말에도 일을 합니다. 그래서 스테이플스는 오전 7시부터 오후 9시까지 문을 열고 토요일에도 영업을 했습니다.

첫 번째 매장을 열기 전, 우리 회사의 마케팅 책임자인 토드 크래스나우는 레오 샤피로 어소시에이츠(Leo Shapiro Associates)라는 유명한 시장 조사 기업과 손잡고 잠재 고객들이 우리 회사의 가치 제안에 대해 어떻게 생각하는지 조사해보았습니다. 대부분은 "와, 그런 상점이 진짜 존재한다니 믿을 수가 없군요. 정말 멋진 사업이 될 거예요!"라는 반응들을 보였습니다. 이런 시장 조사 결과까지 있었으니 우리 회사가 비범한 성장 기업이 될 것이라고 어떻게 확신하지 않을 수 있었겠습니까?

1986년 5월 1일, 매사추세츠 주 브라이튼에 있는 첫 번째 매장의 개업식을 앞두고 토드는 공격적인 홍보 캠페인을 시작했습니다. 개점하는 날 가장 먼저 매장을 찾은 사람은 우리 회사의 선도 투자자이자 바인 캐피탈(Bain Capital)의 설립자인 빌 바인이었습니다. 그는 재규어를 몰고 와 사무용품을 몇 백 달러어치나 사 갔습니다. 또 우리 매장이 입주한 건물의 주인이나 친구, 가족들도 모두 와 제품을 구입했죠. 첫날 영업이 종료될 무렵, 1만 6천 달러의 매출을 기록했습니다. 정말 기분이 날아갈 듯했습니다.

하지만 두 번째 날 영업이 끝날 무렵에는 매장에 고객이 한 명도 없었고 세 번째 날에도 마찬가지였습니다. 우리는 깊은 근심에 잠겼습니다. 가게를 열었는데 손님이 아무도 오지 않다니 말입니다.

더 걱정스러운 점은 한 번만 가게에 들러달라고 돈을 주고 부탁한 사람들까지 나타나지 않았다는 것입니다. 우리는 브라이튼 주변 지역에 사는 잠재 고객 50명을 찾아가 우리 매장을 방문한 뒤 의견을 들려주는 대가로 미리 10달러씩을 지불했습니다. 그런데 단 한 명도 나타나지 않은 것입니다! 이런 참담한 실패를 겪은 우리는 이렇게 걱정만 하고 앉아 있어서는 안 된다는 사실을 깨달았습니다. 진지한 자기 성찰이 필요한 때였습니다.

그러는 사이에 매장에 들른 몇 안 되는 고객들이 50퍼센트나 할인된 가격에 완전히 압도되었다는 것을 깨달았습니다. 이 소수의 고객들은 "와, 정말 멋지군!"이라고 감탄하며 우리가 기대했던 반응을 보여주었습니다. 그 다음으로 알게 된 사실은 브라이튼 근교에서 온 고객이 뉴햄프셔 주의 맨체스터에 사는 친척에게 우리 매장에 와서 50퍼센트 할인된 가격으로 사무용품을 구입하라고 권했다는 것입니다.

우리는 곧 사람들을 매장에 오게 할 수만 있다면 다들 여기를 마음에 들어 할 것이라는 사실을 알았습니다. 토드는 전격적인 마케팅 캠페인을 준비했는데, 기본적인 방법은 한 번만 매장에 들러달라고 쇼핑객들을 매수하는 것이었습니다. 가장 기억에 남는 광고는 '상품 주머니'였습니다. 우리는 법률 용지철 수십 개, 파일 폴더 100개, 종이 클립 1천 개, 빅(Bic) 펜 12자루를 담은 주머니를 판다고 광고했습니다. 광고 제목은 "정가 45달러, 스테이플스에서는 날마다 특별 할인 가격인 11.79달러. 이 쿠폰이 있으면 무료입니다"였습니다. 이 쿠폰을 상품으로 바꾸기 위해 얼마나 많은 사람들이 우리 매장에 찾아왔고 또 상시 할인 가격을 직접 눈으로 확인했는지 정말 깜짝 놀랄 정도였습니다. 이들은 곧 자기들이 사무용품이나 컴퓨터, 서비스에 너무 비싼 가격을 지불하고 있다는 사실을 깨달았습니다. 이들은 다시 우리 매장을 찾았을 뿐만 아니라 주위의 모든 친구들에게 소문을 내주기까지 했습니다.

일단 고객들이 매장을 찾기 시작하자 매출이 1주일에 15퍼센트씩 늘어났습니다. 그해 8월에는 1주일에 10만 달러의 매출을 올렸는데 이는 우리가 회사를 설립하고 4년은 지나야 달성할 수 있을 것이라고 생각했던 수치입니다. 이때 비로소 우리 앞에 진정한 승리가 있다는 사실을 실감했습니다.”

처음으로 10만 달러 매출을 달성한 것은 스템버그가 성공 가능성이 높은 회사를 소유하고 있다는 사실을 입증해주었다. 그로부터 정확히 3년 뒤, 스테이플스는 매출 1억 1,900만 달러의 주식회사로 성장했다. 1993년의 불경기 속에서도 성장을 거듭한 스템버그의 사무용품 슈퍼마켓은 이 해에 매출 11억 달러를 달성했다. 그리고 이들의 성장은 여기에서 멈추지 않았다. 스테이플스는 2001년에 매출 100억 달러를 돌파했고 2003년과 2008년에 닥쳐온 또 다른 불경기에도 불구하고 성장을 거듭해 2009년 중반에는 200억 달러의 매출 이정표에 도달했다.

스템버그의 이야기는 미리부터 비범한 성장 기업의 싹을 알아보는 것이 가능하다는 증거다. 성공 가능성이 높은 회사가 여러분의 손 안에 있다면 그 성장 잠재력을 과소평가해서는 안 된다.

스템버그는 매우 특별한 목적 중심의 리더다. 목적 중심의 리스템버그의 이야기를 들어보자.

1. 언제든 고객을 이해하는 일로 되돌아간다

우리는 고객들을 통해 사무용품 구입에 사용하는 비용은 잊혀진 경비라는 사실을 배웠습니다. 사람들은 자기가 사무용품과 서비스를 구입하는 데 돈을 얼마나 쓰는지 의식하지 않습니다. 그들이 너무 많은 돈을 지불하고 있다는 사실을 알려준 뒤에야 비로소 초과 지불에 분개하면서 우리 회사에서 물건을 구입하기 시작했습니다.

고객들의 분노에 불을 붙이는 방법을 알아낸 우리는 직접적인 비교 슬로건 광고를 이용했습니다.

- 광고 회사에 많은 돈을 지불하면 더 창의적인 광고를 만들 수 있습니다.
- 변호사에게 많은 돈을 지불하면 더 좋은 조언을 들을 수 있습니다.
- 하지만 종이 클립을 사는 데 너무 많은 돈을 지불한다면 그것은 돈을 강탈당한 것이나 마찬가지입니다!

때로는 중소기업들을 찾아가 이렇게 말하기도 했습니다. "송장을 보내주시면 여러분의 회사가 지불한 사무용품 경비 내역을 분석해드리겠습니다. 쓸데없는 지출이 많다면 그 사실을 아셔야 하지 않겠습니까." 그러고는 우리 회사에서는 2.99달러에 판매하는 파일 폴더를 그들이 11달러나 지불했다는 사실을 보여줍니다. 그러면 다들 이렇게 말하죠. "세상에, 잠깐만요. 그 회사 완전히 도둑놈이었군요."

우리는 문제를 밝혀내는 것에 그치는 것이 아니라 우리가 가진 해법으로 그 문제를 해결해주기까지 했습니다. 여기에서 어려운 점은 고객들에게 문제가 있다는 사실을 어떻게 알려주느냐 하는 것이었죠.

2. 어려운 문제를 신속하게 해결할 수 있는 자신의 능력에 대해 믿음을 잃지 말아야 한다

일이 잘 풀리지 않을 때 CEO 자리에 앉아 있는 것은 정말 힘든 일입니다. 나는 함께 회사를 이끌어가는 경영진 세 사람 이외의 다른 사람들에게는 내 걱정거리를 알리지 않으려고 최선을 다했습니다. 우리가 과연 성공할 수 있을까 의심하는 모습을 결코 겉으로 드러낼 수 없었죠. 스테이플스의 성공 가능성을 증명하기 위해 미리 충분한 검토를 거쳤다는 것은 알지만, 저 바깥에 분명히 존재하는 잠재 고객들을 우리 회사로 끌어들이기 위한 마케팅 방법을 신속하게 찾아내야만 했습니다.

결정적인 순간이 다가왔을 때 회사에 가장 중요한 직원들의 사기를 북돋우는 것이 특히 중요합니다. 이들이 믿음을 잃고 떠난다면 새로 시작한 사업이 여러분의 상상보다 훨씬 더 빠른 속도로 해체될 수도 있습니다. 결정적인 순간에 드러나는 팀의 창조성, 성과, 열의가 새로운 사업 기회를 만들어내기도 하고 망치기도 합니다.

3. 광고가 아닌 고객 사이에서 진행되는 마케팅에 집중한다

일반적인 광고는 잠재 고객에게 호의적인 소문을 퍼뜨려주는 고객이나 스테이플스에 대한 보도 기사만큼 효과적이지 않다는 사실을 깨달았습니다. 우리 고객들이 스테이플스를 찾는 가장 큰 이유는 친구들에게 우리 회사에 대한 이야기를 들었기 때문입니다. 그 이야기를 듣고 호기심이 생긴 이들이 매장으로 달려오는 것입니다. 여러 간행물에 실린 기사나 방송 매체의 소개를 통해 사람들의 뇌리에 회사 이름이 계속 새겨지고 덕분에 매장에 들러 물건을 구입하려는 수요가 늘어났습니다. 그리고 이는 갈수록 점점 더 많은 고객이 다른 사람들에게 스테이플스에 대한 소문을 퍼뜨리는 결과를 낳았습니다.

더들은 자기가 지닌 신념의 특징이나 가시성, 타이밍을 확인하고 검증하는 방법으로 비전을 정의한다. 이들은 다른 사람이 비논리적이라고 생각하거나 앞에 놓인 길을 제대로 보지 못할 때에도 기회를 발견할 수 있는 능력을 가지고 있다. 통찰력 있는 증거 사례를 바탕으로 만든 비전에 대한 이들의 확고한 헌신은 다른 이들의 사기를 높이고 자신감을 심어준다. 이들은 문제 해결을 위한 꾸준한 추진력과 열성을 보여주며 비전을 달성하기 위해 필요한 행동을 취한다.

스템버그는 현재 하이랜드 캐피털 파트너의 공동 경영자로 일하면서 캐나다의 요가복 전문 회사인 룰루레몬 애슬레티카 같은 고성장 기업에 투자하고 있는데, 룰루레몬은 2006년에 주식을 상장한 이후 북아메리카와 아시아 지역에 매장을 운영하면서 3억 5천만 달러 이상의 매출을 올린 회사다. 스템버그는 초기 투자자 겸 이사로서 자기 역할을 다하면서 룰루레몬의 설립자이자 CEO인 칩 윌슨에게 7대 원칙의 교훈을 회사 운영에 적용해보라고 독려했다. 룰루레몬에는 마케팅 부서가 따로 없고 광고도 하지 않는다. 대신 이들은 요가 강사들과 굳건한 연계를 맺고 지역 공동체에서 열리는 스포츠 경기나 행사를 후원하면서 고객이 다른 고객에게 소문을 퍼뜨리고 제품을 직접 볼 수 있도록 한다.

목적 중심의 리더십에서 뛰어난 성과를 올리는 기업과 리더들은 '원칙 1: 혁신적인 가치 제안을 하고 그것을 유지한다', '원칙 2: 성장 가능성이 큰 시장 세그먼트를 개척한다', '원칙 3: 영향력 있는 고객을 활용해 매출 성장을 가속화한다' 등에서도 탁월한 실적을 보인다. 이 기업들은 혼자 힘으로 이런 일을 다 해낼 수 있는 리더는 없다는 사실도 안다. 그러므로 '원칙 6: 경영진은 반드시 내부-외부 리더십을 이용해야 한다' 와 같이 내부-외부 업무를 나눠 맡을 2인조 리더가 필요하다.

목적 중심의 리더십 특징

- 사업 성장을 위한 활주로 구실을 할 3~4개년 비전을 만든다. 비범한 성장 기업의 토대는 시대를 몇 년씩 앞서 나갈 수도 있다. 이런 회사의 리더들은 다음 분기의 실적에 연연하기보다는 먼 미래를 내다보면서 장기적인 성장을 위한 시간과 인력 투자를 단기적이고 신속한 성공과 균형을 맞춘다.

- 증거 사례를 바탕으로 비전을 정의한다. 비전은 맹목적인 믿음이 아니라 사실에 근거한 수많은 증거 사례를 토대로 한다. 뛰어난 성장 기업의 리더들은 비록 이런 아이디어가 대중들이 가지고 있는 일반적인 생각과 상충된다 하더라도 그에 대한 통찰력을 얻기 위해 노력한다.

- 경로를 택해 문제를 해결한다. 가까운 장래나 먼 미래에 사람들 눈에 이 회사가 어떻게 비칠 것인가에 대한 비전을 가지고 있는 리더들은 문제 해결도 목적 달성을 위한 올바른 경로를 파악하는 하나의 과정이라고 생각한다. 선택한 길이 잘못된 방향으로 연결될 경우 이들은 재빨리 실패에서 벗어나 성공으로 향하는 다른 길을 찾는 데 집중한다.

‖ 기업 정신 리더십 ‖

작가이자 〈뉴욕타임스〉의 칼럼니스트로도 활동 중인 토머스 프리드먼이 계속해서 제안하는 것처럼, "미국은 다음번 성장을 위한 새로운 물결을 만들어내기 위해 발명, 발명, 또 발명해야 한다. 우리는 지금보다 더 많은 신생 기업을 낳아야 한다. 인터넷을 창시한 빈트 서프, 야후! 설립자인 제리 양, 넷스케이프(Netscape) 설립자인 마크 앤드리센, 구글 설립자인 세르게이 브린과 래리 페이지 같은 기업가들의 뛰어난 능력이 인터넷을 새로운 10억 달러 사업이 자라나는 생태계로 변모시켰다."

새로운 10년을 내다보고 있는 지금, 우리는 스마트그리드 인프라를 이용해 인터넷 같은 새로운 혁신의 쓰나미를 맞으려 하고 있는가? 오바마 대통령은 취임 후 첫 6개월 동안 "경비를 절약하고 정전이나 공격으로부터 전력원을 보호하며 미국 구석구석까지 깨끗한 대체 에너지를 제공하는" 전국적인 규모의 새로운 "스마트그리드"를 건설하는 등 인프라에 많은 투자를 하겠다고 공약했다.**

미래의 "스마트그리드"를 발명하려면 무엇이 필요할까? 통신 네트워크와 마찬가지로 여기에도 몇 가지 기본적인 구성 요소가

---

* 토머스 L. 프리드먼, "발명, 발명, 발명", 〈뉴욕타임스〉, 2009년 6월 27일, www.nytimes.com /2009/06/28/opinion/28friedman.html.
** 〈뉴욕타임스〉. 2009년. "'스마트그리드' 프로젝트에 대한 오바마의 의견", 2009년 10월 27일, http://www.nytimes.com/2009/10/28/us/politics/28obama.text.html에서 자세한 내용을 볼 수 있다.

필요하다. 그리드를 구성하려면 전력을 공급원에서 필요한 곳까지 연결시켜줄 스위치와 라우터, 낮 동안 태양 에너지를 모아뒀다가 밤에 사용할 수 있는 축전 기관, 전력 사용량을 측정할 정보 커뮤니케이션 등이 있어야 한다. 스마트그리드를 사용하면 전송 비용이 크게 절감되고 현재 급부상 중인 새로운 대체 에너지를 사용하는 장비와 차량의 용량이 대폭 늘어난다. 소비자들은 그리드 가동 상황을 직접 모니터할 수 있으며, 개인용 태양 전지판을 사용해서 생산한 에너지를 그리드에 판매할 수도 있다.

시장에 새롭게 등장한 탁월한 성장 기업들이 스마트그리드를 위한 인프라를 구축하게 될까? 제록스의 유명한 팔로알토 연구센터에서 수석 연구원으로 일하다가 주니퍼 네트웍스를 설립한 프라딥 신두의 경우를 살펴보자. 그는 1995년에 휴가를 떠났다가 차세대 인터넷을 위한 고성능 라우터를 개발하는 데 필요한 대략적인 아이디어를 가지고 돌아왔다. 그가 실리콘밸리에 설립한 주니퍼 네트웍스는 현재 세계에서 규모가 가장 큰 인터넷 백본이나 인터넷 트래픽 대부분을 처리하는 거대 전화 회사 및 인터넷 서비스 제공업체의 인터넷 트래픽 경로를 지정하는 고성능 네트워킹 장비를 공급하는 일류 기업이 되었다. 주니퍼는 전 세계에서 가장 경영 상태가 훌륭하고 빠르게 성장하는 기업 가운데 하나로 인정받고 있다.

‖ 증거 사례를 바탕으로 한 통찰력 ‖

　신두가 통찰력을 발휘한 타이밍이 주니퍼 네트웍스의 설립 시기에 중요한 영향을 미쳤다. 1995년 한 해 동안 인터넷 트래픽이 폭발적으로 증가하여 기존 네트워크 장비나 라우터 용량으로는 도저히 감당할 수 없는 상황이 되었다. 특히 용량 제한으로 인해 인터넷의 중추적인 기능에 제약이 생기는 바람에 차세대 코어 라우터에 대한 통신 회사와 인터넷 서비스 제공업체의 수요가 계속 늘어나고 있었다.

　인터넷 인프라 내부의 변화를 이끄는 요소는 폭발적인 트래픽 증가뿐만이 아니었다. 원래 애플, IBM, 썬마이크로시스템즈 등 여러 제조업체에서 생산된 컴퓨터는 서로 다른 네트워크 프로토콜을 사용했기 때문에 회사 내부에 구축한 근거리 통신망(LAN)에서 컴퓨터들끼리 서로 통신해야 하는 경우에는 자동 중계가 필요했다. 멀티 프로토콜 라우터를 만들기 위해 스탠퍼드대학교에서 진행된 독창적인 연구 덕분에 시스코가 설립되어 빠르게 성장할 수 있었다. 인터넷 트래픽 증가와 더불어 급속도로 늘어난 장비와 웹 사이트도 모두 인터넷에 연결되었다. 이런 장비는 새로운 표준 프로토콜인 인터넷 프로토콜(IP)을 사용할 수 있는 고속 컴퓨터들이다.

‖ 증거 사례를 통해 검증된 기회 ‖

신두는 이런 인터넷 트래픽 변화가 새로운 인터넷 인프라를 구축할 수 있는 기회를 제공한다고 생각했다. 과학자인 그는 이 기회를 검증할 4가지 증거 사례를 찾아냈다.

❶ 인터넷 트래픽이 6개월마다 두 배씩 늘어나 현재의 인터넷 인프라 용량에 부담을 주고 있다.

❷ 장기적으로 볼 때 대부분의 인터넷 트래픽은 컴퓨터와 컴퓨터 사이에서 발생하는 트래픽이 될 것이다. 새로운 인터넷 프로토콜 표준은 C2C(computer-to-computer) 트래픽에 최적화되어 있으므로 이것이 인터넷 성장의 토대가 될 것이다.

❸ 광통신망 기술의 발전 덕분에 인터넷 트래픽의 장거리 전송 비용이 크게 감소할 것이다.

❹ 확장 가능한 인터넷을 구축하려면 스위치가 아닌 라우터를 사용해야 한다.

‖ 신중한 내기 ‖

신두는 자기가 차세대 라우터를 만들 수만 있다면 앞으로 발생할 인터넷 용량 문제를 멋지게 해결할 제품을 손에 넣게 될 것이라고 생각했다. 필요한 데이터 처리 속도를 생각할 때, 이 라우터는 범용 마이크로프로세서에서 실행되는 소프트웨어가 아닌 특수 실리콘 칩에서 직접 인터넷 패킷을 처리해야 한다고 생각했다.

나는 실리콘밸리에 있는 신두의 사무실에서 그를 만나 인터뷰를 하면서 이런 통찰력의 근간을 이야기해달라고 부탁했다.

"1995년에 만든 새로운 코어 라우터를 위한 간략한 설계도가 첫걸음을 뗄 수 있는 자신감을 안겨주었습니다. 그리고 1998년에 라우터 설계와 시범 가동을 성공적으로 마무리하면서 이 설계의 유효성이 검증되었습니다. 우리 이전에는 이렇게 빠른 속도로 IP 포워딩 경로 전체를 실리콘 칩에 직접 넣는 데 성공한 이들이 없었습니다."

이들이 건 내기 가운데 가장 중요한 두 번째 내기는 첫 고객으로 매우 적합한 상대를 택했다는 것이다. 1996년 봄, 신두와 다른 두 명의 설립자는 규모가 가장 큰 인터넷 서비스 제공업체 가운데 하나인 UUNET(훗날 월드컴(WorldCom)이 인수했고 나중에 다시 버라이즌(Verizon)에 인수됨)의 최고기술책임자(CTO)인 마이크 오델을 만났다. 첫 만남에서 오델은 주니퍼 네트웍스 경영진들에게 "이 제품을 작동시켜만 주십시오. 이건 우리 업계가 필요로 하는 바로 그 제품입니다. 시장에 대해서는 걱정하지 마세요. 절대 실패하지 않을 겁니다"라고 열정적으로 호소했다. 신두는 여기에서 핵심을 지적한다.

"자신에게 맞는 고객의 말에 귀를 기울이는 것이 정말 중요합니다.”

적합한 고객을 찾아내는 것은 행운으로만 가능한 일이 아니다. 신두는 UUNET이 보여준 이런 고무적인 징후가 우연이 아니었다고 말한다. 주니퍼의 공동 창립자 가운데 한 명인 데니스 퍼거슨은 서비스 제공업체에서 일한 경험이 있기 때문에 그 회사의 관점에서 바라본 문제에 대해 잘 파악하고 있었다. 퍼거슨의 통찰력이 이들에게 어떤 제품을 만들어야 하는지 알려준 것이다.

세 번째 내기도 있었다. 당시 이 분야를 장악하고 있던 라우터 업체인 시스코보다 뛰어난 혁신을 이뤄야 했던 것이다. 회상에 잠긴 크리언스는 당시 자신과 신두가 얻은 중요한 현상에 대한 교훈을 들려주었는데, 그는 이 현상을 가리켜 “기존 업체의 딜레마”라고 불렀다.

“자신들이 활동하는 분야와 인접한 곳에 새로운 시장이 등장할 때 기존 업체의 딜레마가 생깁니다. 주니퍼 네트웍스의 경우, 우리가 만든 대용량 IP 라우터는 시스코가 대기업용으로 만든 기존 라우터와 달랐습니다. 남들보다 앞서 시장을 차지하고 있는 회사들은 새로 부상한 인접 시장의 요구를 충족시키기 위해 원래 보유하고 있던 제품의 용도를 변경합니다. 기존 업체들은 다른 대안이 없는 상태에서는 ‘시장 주동자’로서 고객들의 요구에 신속하게 대응할 수 있기 때문에, 눈에 보이는 이런 양적 결과를 통해 자신들의 기존 솔루션이 새로운 시장에서도 잘 통할 것이라고 믿게 됩니다.

훌륭한 아이디어가 있을 때 그것을 이용해 뛰어난 성장 가능성을 가진 회사를 설립할 만한 가치가 있는지 시험해야 하는 경우, 경쟁사와 똑같이 일하거나 자기 회사가 더 똑똑하다는 가정하에 똑같은 방식으로 시장에 진입하다면 이미 그 시장에서 활약하고 있는 경쟁사보다 높은 실적을 올리거나 그들을 능가하는 혁신을 이룰 수 없다는 것이 내 기본적인 생각입니다. 성공으로 향하는 중요한 길목을 가로막고 있는 그들이 반드시 실패할 것이라는 데 위험한 내기를 거는 것이나 마찬가지입니다.

시스코는 새로운 대용량 인터넷 프로토콜 라우터를 원하는 신규 시장을 지원하는 데 성공했기 때문에 주니퍼가 혁신적인 대용량 아키텍처의 기반이 될 새로운 반도체 칩과 소프트웨어를 만들기까지 2년의 시간이 걸렸습니다. 하지만 그 덕분에 우리는 인터넷 인프라 시장에서 기존 업체들보다 훨씬 앞서나갈 수 있게 되었습니다."

이런 특별한 성장 기회를 얻을 수 있는 행운과 '탈출 속도'에 도달하는 일에 관해 어떻게 생각하는지 크리언스의 의견을 물었다.

"타이밍을 잘 맞추는 것도 물론 절대 간과할 수 없는 요소입니다. 우리는 시기를 잘 택한 덕분에 회사 설립 후 첫 3년 동안 매출이 0에서

1억 달러로 늘어났고 다시 6억 달러, 9억 달러로 증가했으니까요. 매출 10억 달러를 달성하겠다는 목표를 좇으면서 우리 회사는 놀라운 빠르기로 '탈출 속도'에 도달했습니다. 신두의 통찰력, 그리고 고객의 참여와 인도가 결합된 혁신이 올바른 것이었음이 증명되었죠. 아무도 예측하지 못했던 사실은 폭발적인 성장과 문제 해결을 위한 솔루션에 대한 수요가 엄청난 속도로 늘어났다는 것이었습니다. 성공하는 방법을 배우고자 하는 사람은 적절한 타이밍과 폭발적인 성장을 이용할 수 있는 준비를 갖추는 것이 무엇보다 중요합니다."

크리언스와 신두는 기업 정신과 관련된 리더십을 직접 구현한 사람들이다. 기업 정신 리더십은 장애를 극복할 수 있는 비상한 수완을 증명한다. 이들은 자기 앞에 찾아올 기회에 미리 대비했다. 행운을 믿으면서도 타이밍에 대한 판단과 적절한 타이밍을 이용할 수 있는 준비를 갖춰 그 행운에 영향을 미쳤다. 이들은 자신들이 하는 사업은 곧 원칙과 상호 작용해 영향력을 만들어낼 기회를 안겨주는 하나의 체계라고 생각했다. 예를 들어, 회사의 최우수 고객들은 중요한 고객 요구를 만족시킬 수 있는 눈부신 혁신을 이루도록 도움으로써 영향력을 만들어낸다. 그런 다음에는 UUNET의 예에서도 나왔듯이 보다 많은 영향력 있는 고객과 관계를 맺을 수 있도록 회사에 신뢰를 부여한다. 진정한 기업 정신을 지닌 리더는 문

- 다가올 기회에 미리 대비한다. 타이밍을 잘 맞추는 것도 운이라고 생각할 수 있지만, 이 리더들은 자기 회사가 미리부터 그런 기회를 이용할 수 있는 위치에 가 있도록 계획을 세우고, 실제로 그런 기회가 생기면 곧바로 이용할 수 있도록 만반의 준비를 갖춘다.

- 시스템적인 접근 방법을 이용해 사업을 구축한다. 이 리더들은 전략, 기획, 실행 과정을 모두 통합해 뛰어난 성장 기업을 일구기 위한 하나의 시스템적 접근 방법을 만들어낼 만큼 다재다능하다. 리더들은 신속한 시간 내에 장기적인 성공 시나리오와 목표가 일치하는 성공을 이루는 데 집중했다. 이들의 살아 숨 쉬는 전략과 기획은 자가 수정이 가능하다.

- 다양한 경험을 가진 팀을 만든다. 서로 다른 배경을 지닌 이들이 모인 다양성 있는 팀은 다른 업계의 아이디어도 선뜻 받아들여 독특한 가치와 경쟁 우위를 만들어낸다.

- 희망에 기대 위험을 무릅쓰지 말고 계획적으로 행동한다. 이 리더들은 계산된 리스크를 바탕으로 혁신과 고객, 사업의 장래성을 생각한다. '계산된' 기회를 활용할 수 있는 위치에 회사를 올려놓고 그 기회가 나타나면 바로 활용할 채비를 갖추는 데 필요한 행동을 취하거나 결정을 내린다.

이 하나 열리면 그 앞에 저절로 새로운 길이 나타날 것이라고 믿는 노련한 문제 해결사다.

기업 정신과 관련된 리더십이 뛰어난 기업과 리더들은 '원칙 1: 혁신적인 가치 제안을 하고 그것을 유지한다'와 '원칙 3: 영향력 있는 고객을 활용해 매출 성장을 가속화한다' 에 능하다. 또 '원칙 6 : 경영진은 반드시 내부-외부 리더십을 이용해야 한다' 에서도 뛰어난 능력을 입증하곤 한다. 기업가 정신이 있는 사람은 '원칙 5 : 기하급수적 수익 성장의 대가가 된다' 에서도 실력을 발휘한다.

‖ 서비스 리더십 ‖

불경기에는 여기저기서 직원에 대한 존중 부족 사례를 자주 볼 수 있다. 틀에 박힌 경영 방식을 고수하는 회사의 경우 401(k)나 연금, 건강 급여 등에 회사가 투자하는 비중을 줄임과 동시에 인력을 감축하고 봉급까지 깎는 경향이 있다. 이런 행동은 직원들에게—심지어 회사에 남아 있는 직원들에게까지—그들은 언제든 대체 가능한 인력이므로 별로 가치가 없고 우선순위가 "최하위"에 가깝다는 메시지를 전한다.

이와 대조적으로 HCL의 비니트 나야르 같은 리더들은 직원과의 관계에 대해 장기적이고 확고한(인도적이라고까지 할 수 있는) 관점을 취한다. 경기가 호황든 불황이든 상관없이 HCL의 직원들은 회사에서 존중받고 항상 최우선 순위를 차지한다. 나야르는 고객 만족도를 높이려면 직원에게 권한을 부여하는 것이 중요하다고 생각한다. 직원이 우선이고 고객은 그 다음이라는 얘기다(이는 특히 서비스 업계에 종사하는 블루 프린트 컴퍼니 리더들의 공통적인 생각이다). HCL 블루 프린트에 드러난 직원-경영진 관계에 대한 특색 있는 접근 방식은 조직 체계를 역전시켜 "가치 영역"에서 직원들에게 권한을 부여해야만 더 큰 재정적 성공을 거둘 수 있다는 나야르의 생각에서 비롯된 것이다. 직원을 최우선으로 하는 HCL의 이니셔티브는 역책임이라는 개념을 강조한다. 관리자와 지원 팀이 직원을 위해 봉사해야지, 그 반대가 되어서는 안 된다는 것이다. 그는 자랑스럽게 말한다.

"우리는 직원들의 버릇을 망쳐놓고 있습니다. 하지만 직원들에 대한 이런 5성급 대우는 직원이 고객을 어떻게 대해야 하는지 보여주는 훌륭한 모범이 되죠."

경기가 좋지 않은 시기에 직원을 최우선으로 대우한다는 것은 일반적인 직관에 어긋나는 일처럼 보이지만 사실은 그렇지 않다. 여기 두 가지 증거 사례가 있다. 휴잇 어소시에이츠가 다우존스 및 월스트리트 저널 아시아 지부와 손잡고 실시한 '2009년 휴잇이 선정한 아시아 최고의 직장'을 찾기 위한 조사에서, HCL 테크놀로지는 아시아에서 선정된 일하기 좋은 직장 30곳 가운데 1위를 차지했다. 이 조사에서는 직원의 지적, 정서적 헌신을 이끌어낼 수 있는 일터를 제공하는 문제에 조직이 얼마나 효율적으로 대처하고 있는지 측정했다. 인도에서는 휴잇의 2009년 조사를 통해 HCL 테크놀로지가 직원들에게 긍정적인 업무 경험을 제공하고 힘든 시기에도 장기적인 접근 방식을 취하는 점을 인정받아 인도 최고의 직장으로 뽑혔다. 전 세계 기업들을 상대로 경쟁할 계획을 세우고 있다면 HCL의 직원 최우선 블루 프린트를 참조하기 바란다.

이런 역책임 방식은 보상과 실적 평가 부문에서도 잔잔한 물결을 일으켰다. 모든 기업은 고객을 위해 어떤 가치를 생성했는가를 기준으로 직원 성과를 평가하려고 하지만 대개의 경우 그 평가 방법과 관련해 어려움을 겪고 있다.

HCL은 이 문제에 대한 간단하면서도 혁신적인 해결책을 개발했다. 나야르의 말을 들어보자.

"고객들이 가장 원하는 것은 혁신입니다. 그러니 고객에게 심판관의 임무를 맡겨야 할 이유는 없지 않습니까? 우리는 간단한 툴을 만들었습니다. 직원이 계약 내용보다 뛰어난 실적을 올렸다고 생각될 때마다—예상치 않은 비용 절감, 높아진 인프라 활용도, 일정 단축, 혹은 단순히 평소보다 뛰어난 서비스 등—가치 포탈에 자기가 생성한 가치를 기록합니다. 그러면 이 툴이 자동으로 고객에게 쪽지를 보내 이런 탁월한 서비스 수준에 대해 어떻게 평가하는지 묻습니다. 고객은 1~5까지의 척도를 이용해 자신의 평가 내용을 적어 보냅니다. 분기마다 이 점수를 전부 더하면 각 직원의 혁신 점수가 나옵니다. 이를 통해 선물을 받기도 하고 그 직원의 인사고과에 긍정적인 영향을 미칠 수도 있습니다."

마지막으로, HCL은 360도로 열린 피드백의 선두주자다. 모든
리더는 그가 조직에서 차지하는 위치에 관계없이 피드백 메커니즘
을 거쳐야 한다. HCL은 그 피드백 내용을 공개해 모든 직원이 볼
수 있도록 하는 특별한 방법을 사용했다. 나야르가 앞장서서 모범
을 보였다. 2008년 현재, 피드백을 받아들이고 변화를 위해 노력한
다는 증거로 이 회사에 근무하는 2천 명 이상의 관리자들이 나야르

서비스 리더십의 특징

- 일하기 좋은 직장을 만든다. 권한 부여, 책임감, 존중, 감사, 보상, 신
  뢰 등 기본적인 가치관을 통해 직원과 고객에 대한 봉사를 실천한다.
  이 리더들은 비유와 상징을 사용해서 조직 전체에 대한 명확하고 솔
  직한 커뮤니케이션을 강화한다.

- 자신들에게 꼭 필요한 고객에게 집중해 특별한 가치를 창출한다. 자
  기 회사에 적합한 고객의 시각을 통해 진정한 혁신 방법을 찾아내는
  것이 비약적인 성과를 이루기 위한 주요 열쇠다. 이 리더들은 힘든 시
  기에도 고객을 위한 서비스에 계속 집중하여 차별화를 꾀한다.

- 결정적인 순간에 영감으로 이끈다. 이 리더들은 훌륭한 모범을 바탕
  으로 결정적인 순간에 영감을 안겨주고 영향을 미친다. 이들은 결단
  력 있고 기지가 풍부하며 타인에게 봉사하기 위해 개인적으로 헌신한
  다. 회사가 앞으로 걸어갈 운명을 결정하거나 기업 문화를 특징 짓는
  행동들은 이런 결정적인 순간에 취한 행동을 바탕으로 한다.

에 대한 자신의 의견을 회사 웹 사이트에 게시했다.

나야르는 서비스 리더십을 통해 이룬 놀라운 혁신으로 전 세계에서 인정받는 사람이다. 서비스 리더십은 고객, 제휴 파트너, 공동체, 직원, 투자자 등 다른 사람을 위해 봉사하겠다는 고차원적인 소명을 입증한다. 이들은 타인에 대한 봉사가 곧 자신의 대의라고 생각한다. 개인적인 만족감이나 부(富)는 봉사 그 자체가 아니라 타인에 대한 봉사를 통해서 얻게 되는 것이다. 이런 리더들은 서비스 중심 가치관을 바탕으로 회사를 설립하고 개인적인 헌신과 서로에 대한 책임감을 바탕으로 팀을 구성하면서 다른 사람에게 영감을 안겨주기도 한다.

서비스 리더십이 뛰어난 기업과 리더들은 '원칙 1: 혁신적인 가치 제안을 하고 그것을 유지한다', '원칙 3: 영향력 있는 고객을 활용해 매출 성장을 가속화한다', '원칙 4: 직원들이 고객, 제휴 파트너, 공동체에 즐겁게 봉사하는 동안 형–동생 동맹 관계를 활용해 새로운 시장에 진입한다' 등의 원칙도 훌륭하게 적용한다. 물론 '원칙 6: 내부–외부 리더십을 이용한다'도 직원들에게 꼭 필요한 원칙이며 직원들은 이를 통해 다시 고객과 제휴 파트너, 공동체, 투자자에게 봉사할 수 있다. 이런 리더십 방식을 지지하고 독려하는 '원칙 7: 이사회에 고객, 파트너, 성장 전문 CEO 등 원칙 전문가들을 고루 배치한다'는 원칙을 훌륭히 수행하지 않고서는 타인에 대한 봉사가 꾸준히 지속될 수 없다.

7대 원칙, 블루 프린트, 그리고 이 필수적인 리더십 기둥은 독특한 성장 방식에 따라오는 장점을 이용해 비범한 성장 기업을 만드는 '해답'이다. 그림 12에는 필수적인 리더십 기둥을 이용해 여러분과 여러분의 회사가 7대 원칙에 통달하는 방법이 간략하게 나와 있다.

한 명의 리더나 팀원이 모든 원칙 또는 리더십 기둥의 대가가 될 수는 없다. 특별한 팀을 구성해야 한다. 그 팀은 신뢰와 기본적인 가치관을 바탕으로 상호 보완적인 리더십 기술을 갖춘 팀이어야 한다. 또 3개의 리더십 기둥을 활용해 고성장 기업의 7대 원칙을 모두 습득할 수 있는 잠재력도 가지고 있어야 한다.

지수 성장을 위한 여러분의 여정에 행운이 깃들기를 바란다.

그림 12 리더십 기둥을 7대 원칙에 적용

	리더십 기둥		
	목적 중심	기업 정신	서비스
원칙 1 : 가치 제안	X	X	X
원칙 2 : 성장 가능성이 큰 시장 세그먼트	X	X	
원칙 3 : 영향력 있는 고객	X	X	X
원칙 4 : 제휴 관계 기업			X
원칙 5 : 기하급수적 수익 성장		X	
원칙 6 : 내부-외부 리더십	X	X	X
원칙 7 : 원칙 전문가들로 구성된 이사회	X		X

미국에서 가장 놀라운 성장을 이룬 기업들의 발자취를 따라간다면 여러분도 자신과 자신의 팀, 회사를 위해 특별한 성장을 달성하겠다는 소명을 실현할 수 있을 것이다.

여러분은 이제 차별화된 성장을 이룰 수 있는 원칙을 확립하게 되었다. 자, 전진해보자!

3단계로 시작하는 여정

www.blueprintgrowth.com에는 7대 원칙 적용에 도움이 될 만한 새로운 도구와 자원들이 마련되어 있다. 또 블루 프린트 그로스 유튜브(YouTube) 채널에서 제공하는 여러 경영진들과의 인터뷰 내용을 통해 여러분이 바로 행동으로 옮길 수 있는 적절하고 필수적인 통찰력도 확인할 수 있는데, 우리 웹 사이트 홈페이지에서 바로 접속 가능하다.

다음과 같은 간단한 3단계 방식을 이용해 탁월한 성장 기업이 되기 위한 여정을 시작해보라.

‖1단계 : **7대 원칙 채점표를 이용한다**‖

www.blueprintgrowth.com에 들어가면 7대 원칙 채점표가 있

다. 이 채점표는 개인적인 360도 평가와 비슷한 특별한 피드백 도구로서, 여러분의 팀이나 회사가 7대 원칙을 수행하는 방법에 대한 여러분의 의견을 온라인으로 평가할 수 있는 도구를 제공한다.

이 온라인 도구는 사용하기 편하면서도 매우 효과적이다. 7대 원칙 각각과 관련된 7개의 제시문이 나와 있는데 사용자는 자신의 평가 기준에 따라 여기에 1부터 5까지의 점수를 매길 수 있다. 여러분의 판단에 따라 매긴 점수가 1~2점대라면 성과가 부진하다는 의미이고 3점은 평균이며 4~5점은 평균 이상의 성과를 의미한다. 각 원칙에 대한 7개의 점수를 평균 낸 것이 각 원칙별 평균 점수가 된다. 7대 원칙 채점표의 점수에는 각각 평균 이하, 평균, 평균 이

그림 13 블루 프린트 컴퍼니의 원칙 채점표 결과

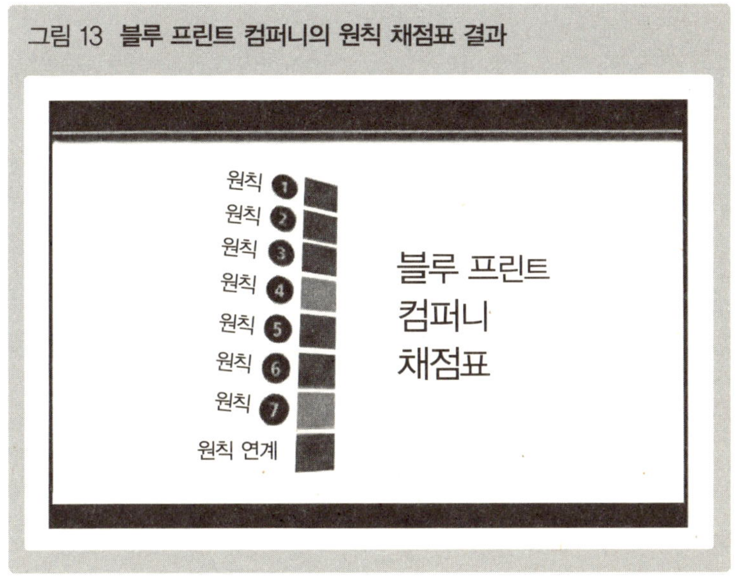

상의 실적을 의미하는 빨간색, 노란색, 녹색의 색상 코드가 붙어 있다(그림 13 참조).

여러분의 회사나 사업부서에 대한 점수를 매기는 것 외에도 기업 비즈니스 개발 업무를 담당하는 투자 회사를 위한 개별 채점표를 포트폴리오 열지도(Portfolio Heat Map)에 포함시켜 각 원칙이나 총점별로 성과를 측정하고 평가할 수도 있다. 일반적인 채점표 응답 내용과 비교해보니, 회사 A(그림 14 참조)는 7대 원칙 각각과 그것을 서로 연계시켜 영향력을 판단한 부분에서 평균 이상의 성과를 올린 것으로 평가되었다.

이와 달리 회사 D는 원칙 4와 관련된 실적이 부진했고 전체적

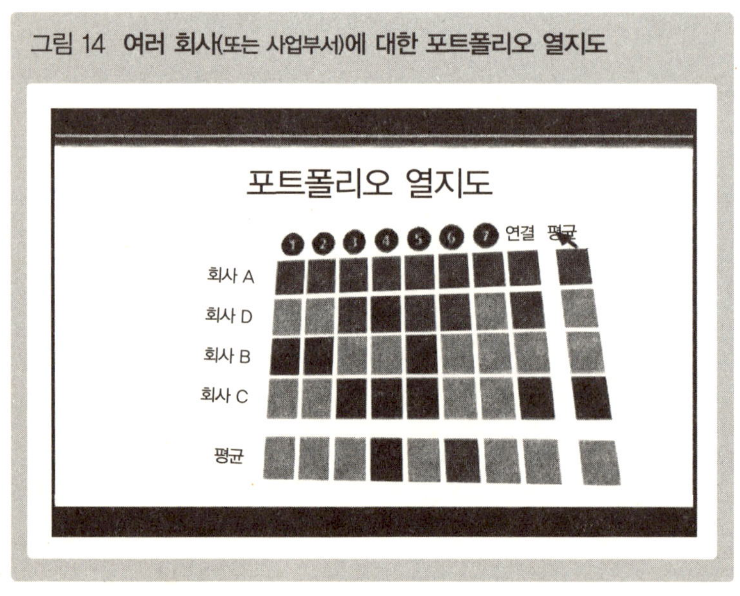

그림 14   여러 회사(또는 사업부서)에 대한 포트폴리오 열지도

으로는 평균 점수를 얻었다. 회사 B도 원칙 1, 2, 5에서는 실적이 부진하고 나머지는 평균점이었다. 회사 B는 가치 제안에 문제가 있고 매상 총이익과 수익이 낮을 가능성이 큰 시장을 가지고 있었다. 회사 C는 모든 원칙에서 실적이 부진해 평균 또는 그 이하의 점수를 받았다. 경영진들은 실적이 부진한 원칙(빨간색)을 평균(노란색)으로 옮기고 평균 수준의 원칙(노란색)은 평균 이상(녹색)으로 바꿔놓는 데 집중해야 한다.

여러분이 사업부서 또는 회사 전체의 포트폴리오를 관리한다면 포트폴리오 열지도를 사용해 공통적으로 개선이 필요한 부분을 파악한다. 예를 들어, 서로 관련된 4개 회사 가운데 3곳에서 원칙 4 : 형-동생 제휴 관계 실적이 부진한 것으로 드러났다.

여러분이 성과 기준을 정하는 데 도움이 되도록 말하자면, 7대 원칙 채점표를 활용한 1천 개 이상의 기업들 가운데 평균 이상의 점수(7대 원칙 가운데 5개 이상이 평균 이상의 실적을 올린 곳)를 받은 곳은 전체의 10퍼센트뿐이고 60퍼센트는 평균, 나머지 30퍼센트는 대부분의 원칙에서 부진한 성적을 냈다. 전반적으로 실적이 부진한 원칙은 원칙 3(영향력 있는 고객), 원칙 4(형—동생 제휴 관계), 원칙 7(원칙 전문가들로 구성된 위원회)이다. 이 원칙들이 매출 성장의 버팀목이 된다는 점을 고려하면 이는 충분히 예견할 수 있는 결과이다. 어쨌든 대부분의 기업들은 자신들이 훌륭한 아이디어와 엄청난 시장 기회를 가지고 있다고 생각했다! 여러분의 회사는 어떤 프로필과 일치하는가?

7대 원칙을 항상 염두에 두려면 www.blueprintgrowth.com에서 무료로 제공하는 미니 포스터를 다운로드해서 사용하자.

‖ 2단계 : 7대 원칙 로드맵을 작성한다 ‖

몇 주 정도 시간을 들여 7대 원칙 전부를 행동으로 옮길 수 있는 로드맵을 작성한다. 리더와 팀원들이 모여 상세한 계획에 대해 합의한다.

자기만의 로드맵을 만들려면 어떻게 해야 할까? 먼저 채점표를 이용해 현 상황을 평가한 뒤 2부에 제시된 질문에 답해보자.

한 번에 한 가지 원칙에만 집중해 성과를 높일 수 있는 행동이 무엇인지 알아낸다. 이 책을 아이디어의 보고로 활용하면서 7대 원칙 채점표 평가를 통해 실적이 부진한 것으로 파악된 원칙에 관심과 노력을 집중한다.

7대 원칙 로드맵이 완성되면 타이밍이나 각 활동 사이의 연결

그림 15 7대 원칙 로드맵 템플릿

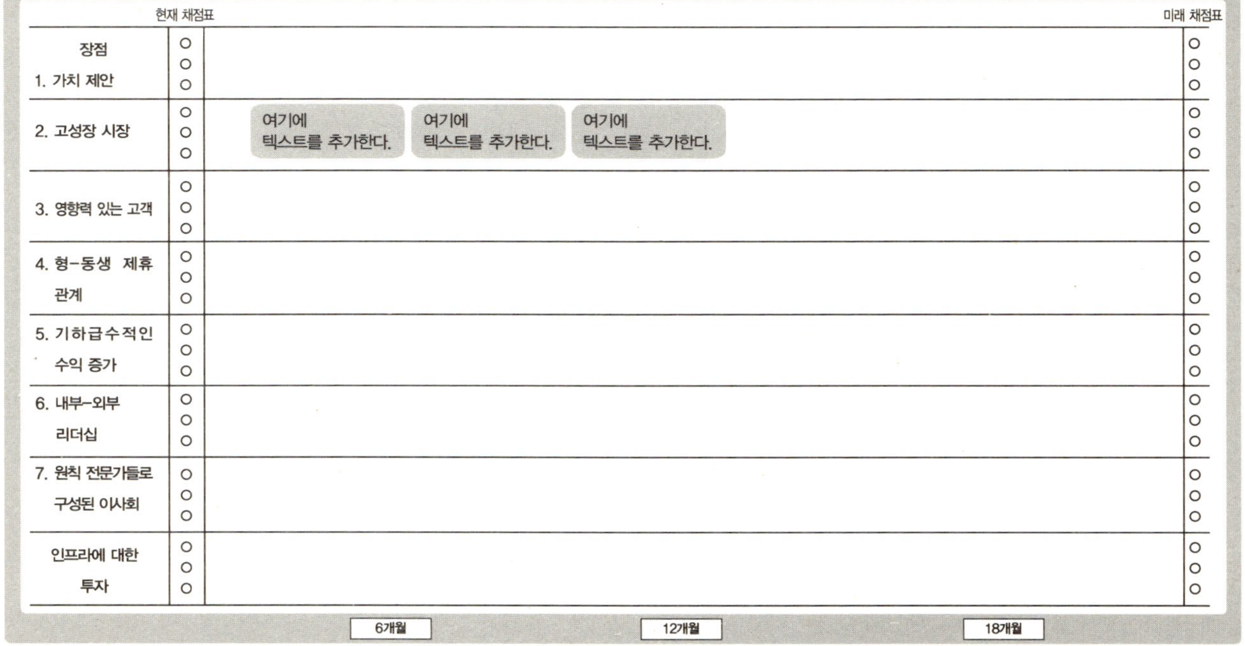

자료 출처 : 블루 프린트 그로스 인스티튜트, 비주얼 잉크

고리를 평가해 지렛대 효과를 일으킬 수 있을지 살펴본다.

자기만의 7대 원칙 로드맵을 만들기 위한 템플릿이 필요하면 www.blueprintgrowth.com에서 주문할 수 있다. 다양한 크기의 템플릿이 있으므로 여기에 로드맵을 작성한 뒤 팀원들이 보도록 게시할 수 있다.

회사를 위해 나나 내 동료가 진행하는 체계적인 7대 원칙 워크숍을 열고 싶다면 위 사이트에서 워크숍 브로셔를 다운로드해 참조하기 바란다.

7대 원칙 로드맵은 실적이 부진한 현 상태에서 평균 이상의 실적을 올리도록 도와주는 자세한 행동 계획이다. 여러분이나 여러분의 팀이 각 원칙에 대해 파악한 이니셔티브를 이용해 프로젝트 계획서를 만들 수도 있다. 이 계획을 적절한 시기에 효과적으로 시행하려면 각 이니셔티브마다 책임자와 일정, 그리고 중요한 성공 요소들이 포함되어 있어야 한다.

6개월 뒤, 7대 원칙 채점표로 다시 실적을 평가해 그 결과를 처음에 나온 결과와 비교해본다. 틀림없이 회사 실적이 개선되었을 것이다. 그런 다음에는 앞으로 다가올 6개월을 위해 7대 원칙 로드맵의 행동 계획을 수정한다(그림 15 참조).

‖ **3단계 : 《고성장 기업의 7가지 비밀》을 읽는다** ‖

20년 넘는 세월 동안 성장과 관련해 많은 기업들을 이끌고 조사하고 강연하고 자문해온 나는 이런 질문을 자주 던진다. "미국 성장 기업들의 성공 패턴에 대해 배운 것을 모두 활용한다면 어떤 결과가 나올까?"《고성장 기업의 7가지 비밀》이 바로 그 답이다. 이 책에는 미국에서 가장 놀라운 성장을 이룬 기업들의 지수 성장 패턴과 7대 원칙에 대해 자세히 밝혀놓았다.

여러분도 성장의 여정을 밟아 반드시 지수 성장을 달성하기 바란다!

그들은 어떻게 두 자리 수 매출 성장을 유지하는가
고성장 기업의 7가지 비밀

초판 1쇄 인쇄　2011년 5월 7일
초판 1쇄 발행　2011년 5월 17일

지은이　　　데이비드 G. 톰슨
옮긴이　　　박선령
펴낸이　　　이대희
펴낸곳　　　지훈출판사

기획편집　　허남희
마케팅　　　김정식, 윤태영
교정, 교열　이홍림
본문 디자인　디자인 위드
표지 디자인　디자인 올
경영지원　　안지영, 김정미
공급처(서경서적)　전화 02-737-0904　팩스 02-723-4925

출판등록　　2004년 8월 27일　제300-2004-167호
주소　　　　서울시 종로구 필운동 278-5 세일빌딩 지층
전화　　　　02-738-5535
팩스　　　　02-738-5539
E-mail　　　jihoonbook@naver.com

편집저작권ⓒ2011 지훈출판사
ISBN 978-89-91974-36-4　13320